적을 만들지 않고
호구가 되지 않는
**지혜로운 대화술**

호감 받는 사람은
뭐가 다를까?

# 적을 만들지 않고 호구가 되지 않는 지혜로운 대화술

이현우 지음

창작시대사

## 성공의 열쇠는 '사람의 마음을 움직이는 능력'이다

우리에게 널리 알려진 유명한 인사들은 한결같이 리더십이 강한 사람들이다.

미국의 대통령 에이브러햄 링컨, 강철 왕 앤드류 카네기, 세계적인 부호 록펠러, 자동차 왕 헨리 포드 등 여러 분야에서 최고의 자리에 군림했던 이들은 사람들을 이끄는 강력한 힘을 가지고 있었다.

그런데 그 힘은 선택받은 자만이 가질 수 있는 것이 아니라 누구나 조금만 신경을 기울이고 노력을 하면 얻을 수 있는 것이다. 이것은 바로 '사람의 마음을 움직이는 능력'이다.

물론 사람을 다루는 능력만으로 그들이 최고의 자리에 오를 수 있었던 것은 아니다. 재능, 지적 능력, 끊임없는 노력, 선견지명 등등 여러 가지 조건이 갖춰져 있었기에 그들은 성공을 할 수 있었다.

'사람의 마음을 움직이는 능력'은 리더가 되기 위해서 반드시 갖춰야 할 조건이다. 훌륭한 리더가 되는 데 결정적인 역할을 하는 것이 능력이라고 해도 과언이 아니다. 실제로 우리가 알고 있는 유명인사들이 단순히 재능과 능력만 뛰어

난 사람이었다면 그들은 지금과 같이 성공을 이룰 수 없었을 것이다. 사회는 인간의 집단이고 인간관계가 매끄럽지 못하면 사회생활을 영위해나가는 것조차 힘들기 때문이다.

이 책은 유능한 리더가 되고 싶은 열망이 있음에도 불구하고 어려움을 느끼는 이들에게 조금이나마 도움을 주기 위해 쓴 것이다. 따라서 만일 사람을 다루는 데에 전혀 어려움을 느끼지 않는 이들이라면 굳이 이 책을 읽을 필요는 없다. 하지만 조금이라도 인간관계에 대해 부담감을 느끼거나 그 능력을 향상시키고자 하는 사람이라면 이 책을 한 번쯤 권하고 싶다. 단, 읽기에만 끝나는 것이 아니라 직접 실천해야 그 효과를 얻을 수 있음을 명심해야 한다.

이 책은 인간관계를 조절하는 능력을 보다 쉽고 빠르게 터득할 수 있는 길을 제시하는 가이드일 뿐 자신의 것으로 만드는 것은 모두 독자 여러분의 몫이다.

# contents

# CHAPTER II
## 호감을 불러일으키는 비결

The basic principles that move your heart

# CHAPTER 1

# 마음을 움직이게 하는 기본 원칙

# 01

# 상대의
# 존재 가치를
# 높여라

사탕발림을 구구절절 늘어놓거나 명령을 하지 않아도
상대를 진심으로 존중하고 가치를 알아주면 누구든
자발적으로 나를 따르게 된다.

상대의 마음을 움직이게 하려면 어떻게 해야 할까? 상대를 위협하고 폭력을 행사해야 할까? 아니다. 이 방법으로는 상대를 설득하기는커녕 반감만 불러일으킬 뿐이다.

상대의 마음을 움직이게 만드는 비결은 오직 하나밖에 없다. 스스로 하고자 하는 마음을 일으키는 것이다. 그렇다면 상대가 자진해서 무엇인가 하고자 하는 마음을 갖게 하려면 어떻게 해야 할까?

사람을 움직이려면 상대가 원하는 것을 해주는 것이 최고의 방법이다.

프로이드는 "인간의 모든 행동은 두 가지 동기, 즉 성적 충동과 위대해지고자 하는 욕망에서 비롯된다."라고 말했다. 또 미국의 저명한 철학자 존 듀이 역시 "인간의 가장 큰 욕구

중 하나는 훌륭한 인간이 되고자 하는 마음이다."라고 했다. 이렇듯 아무리 평범한 사람이라도 자신이 중요한 인물이 되고자 하는 욕구가 있다.

평범한 사람들뿐 아니라 유명한 사람들도 자신이 중요한 존재라는 사실을 인식시키기 위해 노력한 예가 얼마든지 있다.

미국의 초대 대통령 조지 워싱턴은 반드시 '미합중국 대통령 각하'라고 불러주기를 원했고, 콜럼버스도 '해군 대제독', '인도 총독'이라는 칭호로 불리기를 바랐다. 러시아의 캐서린 여왕은 '폐하'라는 호칭이 없는 편지는 거들떠보지도 않았다고 한다.

심리학자 윌리엄 제임스는 "인간이 지닌 성정 중에 가장 강한 것은 남의 인정을 받고자 갈망하는 것이다."라고 말했다. 여기서 제임스가 '희망한다'든가, '원한다'든가, '동경한다'든가 하는 평범한 표현을 쓰지 않고 '갈망한다'라고 한 것은 식욕이나 성욕, 수면욕만큼 '중요한 사람이 되고자 하는 욕구'는 그 뿌리가 깊고 좀처럼 충족될 수 없는 것이기 때문이다. 예를 들어 세계 최고의 갑부 록펠러는 세상 사람들에게 자신이 중요한 존재라는 사실을 인식시키기 위해 생면부지인 중국의 빈민들을 위하여 베이징에 현대식 병원을 짓는 데 엄청난 돈을 기부했다. 또 어느 부모든 유난스 레 자식 자랑하고, 어떤 사람은 무리해서라도 호화로운 주택을 구입하고 최신형의 차를 타고 다니며 값비싼 보석으로 몸을 치장하려 한다. 심지어 어떤 사람은 악행을 저질러서라도 자신이 중요한 사람임을 인정받고자 한다. 실제로 절도, 은행 강도, 게다가 살인까지 서슴지 않았던 델린저라는 사람은 체포 당시 자신이 흉악범이라는 사실을 과시하고 싶어 "당신들을 해칠 생각이 없다. 나는 흉악범 델린저다."라고 소리쳤다고 한다.

> 상대를 설득하거나 따르게 하려면 강압적으로 명령을 하거나 추궁하지 말고 그의 존재 가치를 높여주도록 하라. 이것이 상대의 마음을 움직이게 만드는 비결이다.

정신과 의사들에 따르면 현실 세계에서 자기의 중요성을 만족시킬 수 없는 까닭에 환상의 세계에 몰입하는 사람들이 많다고 한다. 이들은 환상의 세계에 빠져 현실 세계에서 채우지 못한 욕구를 채워 줄 수 있는 사람은 타인의 마음을 자유자재로 움직일 수 있다는 얘기이다.

## 02

# 아낌없이
# 칭찬하라

사람들이 나를 잘 따르게 하려면 칭찬에 인색하지 않
아야 한다. 자기보다 현명한 인물을 내 편으로 만드는
방법을 터득한 사람들은 자신을 드높이기보다는 상대의
장점을 칭찬하고 가치를 높이는 데 주목한다.

철강 왕 앤드류 카네기는 슈와브라는 부하 직
원을 아끼고 사랑했다. 앤드류 카네기는 슈와브에게
어마어마한 연봉을 주었는데, 그 많은 돈을 주고도 아까워
하지 않았던 것은 그가 천재이기 때문도 아니고, 제철에 관
한 최고의 권위자이기 때문도 아니었다. 오히려 철에 관한
지식은 슈와브보다 다른 직원들이 더 잘 알고 있었다. 그런
데 카네기는 왜 슈와브를 인정하고 신임했던 것일까? 그것
은 그가 사람을 다루는 데 매우 유능했기 때문이었다.

슈와브가 사람을 다루는 기술은 우리가 생각하는 것 이
상으로 간단했다. 그는 상대의 열의를 일으키는 데 주목했
다. 상사로부터 꾸중과 비난을 듣는 것만큼 의욕을 꺾는 것
도 없다고 생각한 그는 상대의 장점을 살리기 위해 칭찬과
격려를 아끼지 않았다. 그는 남을 칭찬하는 일은 좋아하지

만 비난하는 일은 매우 꺼려했다. 마음에 드는 일이 있으면 진심으로 찬사를 보내는 것이 바로 그가 사람을 능숙하게 다루는 비결이었다.

슈와브뿐만 아니라 세계 각국의 유능한 리더들은 한결같이 사람들을 다루는 데 있어 비난보다는 칭찬을 자주 사용한다. 그들은 잔소리를 들으며 일할 때보다 칭찬을 들으며 일할 때가 열성도 생기고 능률도 오른다는 것을 잘 알고 있다. 실제로 칭찬이나 찬사가 상대를 고무시켜 최대의 능력을 발휘하게 만든 예는 수없이 많다. 브로드웨이의 최고의 흥행사 지그펠드라는 사람은 어떤 여성이라도 대중들에게 사랑받는 대상으로 만들어냈다. 그는 어느 누구의 눈에도 띄지 않는 여성을 찾아내어 무대에 세우곤 했는데, 어떤 여성이라도 그의 손을 거쳐 무대에 서기만 하면 매혹적인 모습으로 변했다. 상대를 칭찬하고 신뢰하는 것이 얼마나 가치가 있는지 잘 알고 있던 그는 찬사로서 여성들이 자기 스스로 아름답다는 자신감을 갖게 만들었으며, 그의 말처럼 여성들은 아름다운 모습으로 변모하기 위해 노력하고 실제로 매혹적인 여성이 되었다.

이처럼 칭찬은 숨어 있는 아름다움까지 끌어낼 만큼 놀라운 힘을 가지고 있다. 따라서 사람들을 잘 따르게 만들려면 비난보다는 칭찬을 아낌없이 해야 한다.

자신의 장점만을 돋보이게 하려는 욕구를 버리고 상대의 장점을 칭찬하라. 거짓이 아닌 진심으로 칭찬을 하면 상대는 그것을 마음 깊이 새기고 평생토록 잊지 않을 것이다. 그리고 강압적으로 명령을 하지 않아도 자발적으로 당신을 따를 것이다.

미국의 사상가 에머슨은 "어떤 인간이라도 나보다 뛰어난 점, 즉 내가 본받아야 할 점을 가지고 있다."라고 말했다. 에머슨 같은 유명한 사상가도 이러한데 하물며 평범한 사람들은 다른 사람에게 배울 점이 얼마나 많겠는가.

# 03
# 함부로
# 비난하지
# 말라

어리석은 리더는 남의 결점을 들춰내고, 현명한 리더는
상대의 장점을 칭찬한다.

상대방이 실수를 하거나 잘못을 저질렀을 때, 사람들은 대개 비평을 하거나 잔소리를 늘어놓는다. 마치 그 사람보다 우월한 존재인 양 가르치려 든다. 물론 비난이나 비평이 상대에게 좋은 영향을 미칠 수도 있지만, 대부분은 반발심만 불러일으킬 뿐이다.

미국의 실업가인 존 워너메이커는 "다른 사람을 나무라는 것만큼 어리석은 일은 없다."라고 말했다. 그 이유는, 인간은 어느 누구도 완전하지 못하기 때문이다. 그는 젊은 시절에 이미 이 사실을 깨달았지만, 사람들 대다수는 뒤늦게서야, 심지어 죽을 때까지 모르고 사는 경우가 많다. 인간은 자신이 아무리 큰 잘못을 저질러도 쉽게 스스로를 나쁘다고 생각하지 않는 법이다. 뉴욕 범죄 역사상 가장 포악한 살인범으로 평가받는 크로레는 가장 대표적인 경우라

할 수 있다.

1931년 5월 7일 뉴욕에서는 보기 드문 대규모 범인 소탕
전이 벌어졌다. 포악한 살인범인 크로레가 몇 주간에 걸친
수사 끝에 마침내 꼬리를 잡힌 것이다. 경찰에 쫓기던 그
는 정부(情婦)가 살고 있는 웨스트엔드 가의 아파트로 도망
쳐 들어갔다. 150여 명의 경찰은 그가 숨어 있는 아파트의
맨 위층을 검거하고 지붕에 구멍을 뚫고 최루가스를 집어
넣어 크로레를 체포하려고 했다. 또 돌발적인 사태에 대비
하여 주위의 빌딩 옥상에는 기관총을 든 경찰들이 대기하
고 있었다.

한 시간여에 걸친 경찰과 범인 간의 격전 끝에 크로레는
체포되었다. 경찰은 크로레가 뉴욕 범죄 역사상 보기 드문
흉악범으로서 조그마한 동기만 있어도 간단하게 살인을 저
질렀다고 발표했다. 그런데 아이러니하게도 크로레 자신은
그렇게 생각하지 않았다. 그는 총격전이 벌어지는 상황 속
에서 경찰 관계자에게 한 통의 편지를 남겼는데 그 안에는
이런 구절이 쓰여 있었다.

'나의 마음, 그것은 삶에 지쳐버린 마음이긴 하나 부드럽
고 온화한 마음이다. 결코 사람을 상하게 하고자 생각한 적
이 없는 마음이다.'

면허증을 보여 달라는 경찰에게 아무 이유 없이 총을 난사하고, 그것도 모자라 차에서 내려 죽은 경찰을 향해 다시 한 발을 쏜 극악무도한 그가 자신을 '누구 하나 사람을 상하게 할 수 없는 마음의 소유자'라고 생각하고 있었던 것이다. 그는 사형 집행을 받는 순간까지도 "나는 내 몸을 지키려다 이 꼴이 되고 말았다."라며 자신의 죄를 인정하지 않았다.

실제로 교도소에 있는 많은 수감자들이 자기 자신을 악한 사람이라고 생각하지 않는다고 한다. 그들은 자기를 선량한 일반 시민들과 조금도 다르지 않은 존재라고 여기며, 왜 금고를 털지 않으면 안 되었는지 혹은 사람을 죽이지 않으면 안 되었는지 따위의 이유를 그럴싸하게 설명한다고 한다. 이처럼 흉악한 범죄를 저지른 사람들까지도 자신을 정당화하려고 하는데 일반인들은 어떻겠는가.

타인의 허물을 찾아내는 것은 쓸데없는 짓이다. 상대는 곧 방어태세를 갖추고 어떻게든 자신을 정당화하려고 할 것이기 때문이다. 게다가 자존심이 상하게 된 상대는 반항심까지 생겨 적의를 품게 된다.

훌륭한 인품의 소유자로 널리 알려진 에이브러햄 링컨 역시 한때 다른 사람을 비난하는 일을 서슴지 않았던 적이 있다. 그는 젊은 시절, 남을 헐뜯을 뿐만 아니라 상대방을 비웃는 시나 편지를 써서 그것을 일부러 사람들 눈에 띄도록 길에 뿌리기도 했다. 그 일들이 원인이 되어 평생 그에게 반감을 갖고 지낸 사람이 있을 정도였다. 그런데 한 사건으로 인해 그는 다른 사람을 조롱하고 비난하는 일이 얼마나 어리석은 짓인지 깨닫게 되었다.

1842년, 링컨은 ≪스프링필드 저널≫이라는 잡지에 제임스 실즈라는 아일랜드 출신의 정치인을 비난하는 글을 써서 보냈다. 이것이 게재되어 제임스 실즈는 사람들에게 비웃음의 대상이 되었고, 감정적이고 자존심이 강한 실즈는 분노를 참지 못하고 링컨에게 결투를 신청했다. 링컨은 결투를 반대했지만 결국 거절하지 못하고 그의 신청을 받아들였다.

약속한 날이 되어 두 사람은 미시시피강의 모래섬에서 만났다. 그러나 다행히 사람들의 만류로 결투는 무산이 되었다.

이 사건을 계기로 링컨은 사람을 다루는 방법에 대해서 귀중한 교훈을 얻었다. 그 후로 그는 다시는 사람을 무시하거나 조롱하는 일을 하지 않았으며 무슨 일이 있어도 남을 비난하는 행동을 하지 않았다.

남의 결점을 고쳐주려는 마음은 분명히 훌륭하고 칭찬받

을 만한 가치가 있다. 그러나 그것은 자신의 결점을 고친 후의 얘기다. 섣불리 타인을 가르치려 들기 전에 먼저 자신을 바로잡는 것이 무엇보다 중요하다.

사람을 다룰 때는 상대방을 논리적인 동물이라고 생각해서는 안 된다. 상대는 감정의 동물이며, 편견과 자존심, 허영심에 의한 행동한다는 사실을 늘 염두에 두어야 한다. 섣불리 남을 비난하게 되면 상대방의 자존심에 상처를 입힐 뿐만 아니라 평생 적으로 돌릴 수도 있다. 또한 상대방을 좌절의 구렁텅이에 빠뜨려 삶의 의욕까지 떨어뜨릴 수 있다. 예를 들면, 영문학의 귀재 토머스 하디는 "매정한 비평 때문에 영원히 소설을 쓰지 않겠다."라고 했으며, 영국의 천재 시인 토머스 차톤은 자살까지 하고 말았다.

> 남을 비평하거나 잔소리를 늘어놓는 것은 누구라도 할 수 있다. 그러나 어리석은 사람일수록 다른 사람의 허물을 들춰내는 법이다.

영국의 사상가 칼라일은 "위인은 하인을 다루는 방법에서도 그 위대함이 나타난다."라고 했다.

존경받는 유능한 리더가 되려면 남을 비난하는 대신 인

내심을 가지고 상대를 이해하려고 노력해야 한다. 어떤 이유 때문에 상대가 그러한 행동을 했는지를 먼저 생각해야한다. 그렇게 하면 상대방에 대한 관용과 호의가 저절로 우러나오게 된다. 모든 것을 알게 되면 용서하지 못할 것이 없기 때문이다.

영국의 위대한 문학가 존슨은 "하나님도 사람을 심판할 때 그의 사후까지 기다린다."라고 했거늘, 하물며 인간인 우리가 그때까지 기다리지 못할 까닭이 없지 않은가.

최선을 다하고 있다라고 말해봤자 소용없다.
필요한 일을 함에 있어서는 반드시 성공해야 한다.

It is no use saying, "We are doing our best."
You have got to succeed in doing what is necessary.

- 윈스턴 처칠 Sir Winston Churchill

# 04

# 아첨을
# 경계하라

유능한 리더가 되려면 상대방의 기분을 맞추기 위해
진심이 아닌 말을 하지 않으며, 아첨하는 사람을 경계
해야 한다.

유명한 리더들은 칭찬에 인색하지 않다. 그들은 칭찬할 만한 일이 있으면 진심으로 기뻐하고 격려를 아끼지 않는다. 이들은 가급적 칭찬거리를 찾아내려고 애를 쓴다.

세계의 갑부 록펠러에게는 에드워드 베드포드라는 동업자가 있었다. 그런데 어느 날 그는 남미에서 벌인 사업에 실패하여 회사에 2백만 달러에 달하는 손해를 입혔다. 이럴경우 다른 사람은 아마도 역정을 내고 비난을 했을 것이다. 하지만 록펠러는 베드포드가 최선을 다했다는 사실과 비난을 한다고 해서 다시 상황을 반전시킬 수 없음을 잘 알고 있었다. 그래서 그는 상대를 칭찬할 만한 거리를 찾아내려고 노력했다. 그는 베드포트가 간신히 투자액의 60%를 회수하자 기뻐하며 그만큼 회수하는 것도 쉬운 일은 아니라며 칭찬을 했다.

독자 중에는 '나보고 아첨을 하라는 말이야? 난 남을 위해 비위 맞추는 일은 질색이야'라며 칭찬을 아첨으로 받아들이는 사람도 있을 것이다. 물론 아첨을 하라는 말은 아니다. 아첨은 분별 있고 현명한 사람에게는 통하지 않는다.

그렇다면 아첨과 칭찬은 어떻게 다른 것일까?

간단하다. 칭찬은 진실하며 아첨은 진실하지 못하다. 칭찬은 마음속에서 우러나오지만, 아첨은 입에서 흘러나온다.

칭찬은 이타적이지만 아첨은 이기적이다. 칭찬은 누구에게나 환영을 받지만, 아첨은 환대받지 못한다. 그러므로 다른 사람을 칭찬할 때는 진심으로 해야 한다. 상대의 기분을 맞추기 위해 감언이설을 하게 되면 오히려 역효과를 초래할 수 있다.

물론 아첨이 놀라운 효과를 발휘할 때가 있다. 사람들 중에는 무엇이든 닥치는 대로 집어삼킬 만큼 찬사에 굶주린 사람들도 더러 있기 때문이다. 그러나 이러한 경우는 극히 드물고, 아첨은 대체로 불행한 결과를 가져온다.

맥시코의 오브레곤 장군의 동상에는 '적보다 감언이설을 하는 친구를 두려워하라'고 쓰여 있다.

칭찬으로 상대의 가치를 높여주는 것도 중요하지만 반대로 칭찬을 하는 것인지 아첨을 하는 것인지도 잘 구별해야 한다.

아첨은 값싼 칭찬이며 거짓말이다. 마치 위조지폐처럼 상대를 속이는 것이다. 아첨하는 사람에게 속아 그릇된 판단을 하거나 행동을 해서는 유능하고 존경받는 리더가 될 수 없다.

> 자신 스스로도 다른 사람에게 아첨하는 것을 삼가야 하며 반대로 상대방이 자신에게 아첨하는 것도 경계해야 한다. 아첨은 판단력을 흐리게 하여 사실을 객관적이고 이성적으로 바라볼 수 없게 한다.

미국의 사상가 에머슨은 "인간은 어떤 미사여구를 동원해도 본심을 속일 수는 없다."라고 충고한 적이 있다. 잠시 아첨으로 만사가 형통할 수는 있어도 언젠가는 그 정체가 드러나고 만다.

타인의 장점을 찾기 위해 진심으로 노력하면 값싼 아첨은 저절로 하지 않게 되며, 상대방이 칭찬을 하는 것인지 아첨을 하는 것인지 분별할 수 있게 된다.

# 05

# 상대의 욕구를
# 자극하라

사람의 행동은 무엇을 원하는가에서부터 출발한다.
상대방이 좋아하는 것을 거론하고 그것을 손에 넣을 수
있게 해주는 것이 사람의 마음을 사로잡는 최선의 요령
이다.

낚시를 잘하려면 어떻게 해야 할까? 낚싯대를 드리우고 무조건 기다린다고 해서 고기가 잘 잡히는 것은 아니다. 그곳에 사는 고기가 어떤 미끼를 좋아하는지를 파악해야 많은 고기를 잡을 수 있다. 지렁이를 좋아하지 않는 물고기에게 계속 지렁이 미끼를 쓴다면 자신이 원하는 만큼의 조황을 거둘 수 없다.

사람을 다루는 것 역시 마찬가지다. 그 사람이 원하는 것이 무엇인지 알아야 상대의 마음을 움직일 수 있다. 상대가 바라는 욕구도 모른 채 무조건 따르라고 명령하면 반발심만 불러일으킬 뿐이다. 미국의 사상가 에머슨의 일화는 그 대표적인 예라 할 수 있다.

어느 날 에머슨과 그의 아들은 송아지를 외양간에 넣으려고 애를 쓰고 있었다. 아들은 앞에서 송아지를 끌고 에머슨은 뒤에서 밀었다. 그런데 송아지는 에머슨 부자가 강압적으로 밀어붙이면 붙일수록 네 발로 버티고 서서 꼼짝도 하지 않으려고 했다. 이 모습을 보다 못한 가사도우미가 에머슨 부자를 거들었다. 그녀는 에머슨 부자처럼 많이 배우지 못했지만 간단하게 송아지를 외양간에 넣었다.

그녀가 사용한 방법은 매우 간단했다. 그녀는 자신의 손가락을 송아지의 입에 물리고는 그것을 빨게 하면서 송아지를 외양간 안으로 끌어들였다. 그녀는 송아지가 무엇을 원하는지를 생각한 것이다.

사람의 마음을 움직이게 하려면 누구든 자신이 원하는 것 외에 어떤 것에도 관심을 두지 않는다는 점을 염두에 두어야 한다.

사람은 누구나 자기가 좋아하는 것에 흥미를 갖게 마련이다. 그렇기에 상대방이 그것을 손에 넣을 수 있도록 방법을 가르쳐주는 것이 마음을 사로잡는 비결이다. 가령 자식이 흡연하는 것을 싫어하는 부모가 있다고 하자. 자식이 담배를 끊게 만들려면 무조건 설교해서도, 자신의 요구만을 강요해서도 안 된다. 이는 모두 쓸데없는 짓이다. 흡연이 사람의 건강과 생활에 어떠한 피해를 주는지 설명하면서 설득을 하는 것이 효과적이다. 자식의 마음속 욕구와 연

관지어 설득을 하면 강압적인 방법을 쓰지 않아도 스스로 흡연을 안 하게 된다.

강철 왕 앤드류 카네기는 비록 정규 교육이라고는 불과 4년밖에 받지 않았지만, 사람들을 능숙하게 다룰 줄 알았다. 그는 일찍이 사람을 다루려면 상대가 원하는 것을 알아야 한다는 점을 깨달았다.

그에 얽힌 유명한 일화 중 하나이다.

카네기의 사촌 누이동생은 예일대학에 다니는 두 자식 때문에 속병을 앓고 있었다. 온통 자신들 일에만 정신이 팔린 자식들이 집으로 편지 한 통 보내지 않았기 때문이다. 사촌 누이동생이 아무리 편지를 보내도 감감무소식이었다.

이 모습을 목격한 카네기는 조카들에게 편지를 쓰고 답장이 오느냐 오지 않느냐를 놓고 100달러 내기를 하자고 제안했다. 마침 이에 동의한 이웃 사람이 있어 그는 조카들에게 편지를 보냈다.

그의 편지에는 별다른 내용이 없었다. 다만 추신에 '두 사람에게 50달러씩 보내주마'라고 썼다. 물론 돈은 동봉하지 않았다. 그러자 조카들로부터 감사의 뜻을 전하는 답장이 날아왔다. 카네기는 조카들이 답장을 쓰고 싶은 생각이 들도록 욕구를 자극했던 것이다.

인간의 행동은 무엇을 원하는가에서 출발한다. 사람들이 자선 단체에 많은 기부금을 선뜻 내놓는 것은 가난하고 어려운 사람을 도와주고 싶기 때문이기도 하지만 아름다운 선행을 통해 기쁨을 느끼고 싶기 때문이다. 이러한 욕구가 없다면 그 기부금으로 쇼핑을 하는 게 낫다고 생각하고 기부를 하지 않기 위해 온갖 수단을 동원할 것이다.

> 상대의 마음에 강한 욕구를 일으키게 하는 사람은 사람의 마음을 움직일 수 있고, 그렇지 못한 사람은 단 한 사람의 지지자도 얻지 못한다.

열심히 노력하는데도 기대한 성과를 올리지 못하는 세일즈맨들은 대개 중대한 실수를 저지르고 있다. 그들은 한결같이 자기가 원하는 것만 생각한다. 고객들은 그다지 사고 싶은 생각이 없는데도 그 사실을 간과한 채 구매를 강요한다.

사람은 정말 사고 싶은 것이 있으면 누가 시키지 않아도 구매하기 마련이다. 사람은 자기 문제를 해결하는 데 언제나 적극적이기 때문이다. 그러므로 판매 실적을 올리려면 구매자가 물건을 구매했을 때 실생활에 얼마나 도움이 되는

지 증명을 해야 한다. 그러면 강요하지 않아도 물건을 사게
된다.

사람의 마음을 움직이려면 상대의 욕구를 자극하라. 다
른 사람이 무엇을 원하는지 염두에 두지 않고 자신이 바라
는 것만 요구하면 강요처럼 느껴져 반발심만 불러일으킬
뿐이다.

# 06

# 잘못은
# 기술적으로
# 지적하라

인간은 자신이 진실이라고 믿어온 것을 언제까지나 믿고 싶어 한다. 따라서 그 믿음이 옳지 않더라도 직접적으로 잘못을 지적해서는 안 된다. 상대가 스스로 반성할 수 있도록 교묘하게 지적해야 한다.

인간은 불완전한 존재로 자기의 생각이 모두 옳을
수는 없는 일이다. 시어도어 루스벨트는 "내가 생각하는
100가지 중에서 77가지만 옳으면 더이상 바랄 것이 없다."라
고 말한 적이 있다. 많은 사람의 존경을 받는 위인이 이러
할진대 평범한 사람들은 어떻겠는가?

단언하건대 자기 생각의 55퍼센트가 옳다고 믿는 사람은
사회적으로 큰 성공을 거둘 수 있는 것이다. 역설적으로 말
하면 현실 속에서 자기 생각의 55퍼센트가 옳다고 믿는 사
람을 찾기 힘들다는 얘기이다. 따라서 그 누구도 상대의 잘
못을 지적할 자격이 없다. 자신조차 불완전한데 다른 사람
의 허물을 탓할 수 있겠는가.

인간은 본능적으로 자신의 일에만 관심이 있어서 상대방
의 의견을 잘 들으려고 하지 않는다. 상대의 의견이 옳든 그

르든 자신의 의견을 우선시한다. 좋은 뜻으로 잘못을 지적하더라도 상대의 동의를 얻어내기란 쉽지 않다. 오히려 상대방의 자존심이나 긍지에 큰 타격을 입히고, 반발심만 불러일으킬 뿐이다.

한 변호사의 이야기는 상대의 잘못을 드러내놓고 지적했을 때의 역효과를 잘 보여준다.

그 변호사는 미국 최고 재판소의 법정에서 변론을 맡게 되어 있었다. 그 사건은 상당한 액수의 돈이 걸린 소송으로 세인의 관심을 모았다.

변론을 하던 날, 양측의 법적 논쟁으로 법정은 한껏 달아올라 있었다. 그러던 중 재판관이 변호사에게 이런 질문을 던졌다.

"해사법(海事法)에 의한 기한 규정은 6년이지요?"

재판관의 말에 변호사는 당황했다. 왜냐하면 해사법에는 기한 규정이 없기 때문이다. 변호사는 망설이지 않고 재판관의 잘못을 지적했다. 그러자 법정은 찬물을 끼얹은 듯 조용해졌다. 자신이 말이 옳고 재판관이 말이 틀렸다는 것을 지적했을 뿐인데 재판관의 표정은 어두워졌다.

젊은 변호사는 진실을 얘기했지만 많은 사람 앞에서 재판관의 잘못을 지적함으로써 그에게 수치감을 안겨준 것이다.

인간은 이성적인 판단에 의해 행동하는 것처럼 보이지만 대개 감정에 의해 움직인다. 상대방의 자존심이나 기분을 상하게 했다는 것은 이미 그 사람과 좋은 관계를 유지할 가능성이 희박하다는 의미이다. 그러므로 상대방을 설득시키려면 그 누구도 눈치 채지 못할 만큼 교묘하게 상대의 잘못을 지적해야 한다. 가르치지 않는 척하면서 가르쳐야 상대의 기분도 망치지 않고 효과적으로 설득할 수 있다.

R. U. 크로레라는 남자는 이 방법을 활용하여 심각한 갈등을 해결하였다.

크로레는 뉴욕의 한 목재회사의 직원이었는데, 그는 매일같이 거래처의 목재 검사팀들과 논쟁을 벌였다. 대화로 문제를 해결하는 경우도 있지만 대부분 상대를 윽박지르는 일이 많았다. 목재 검사팀들은 대개 야구 경기의 심판처럼 한 번 단정을 내리면 결코 번복하는 일이 없었기 때문이다.

그는 수단과 방법을 가리지 않고 논쟁에서 이겼으나 항상 결과는 신통치 않았다. 그러나 논쟁을 벌이지 않고도 상대를 자신의 편으로 만들 수 있는 방법을 터득함으로써 많은 성과를 거두었다.

그의 체험담 중 하나이다.

어느 날, 거래처로부터 전화가 왔다. 그 내용은 전에 발송한 한 트럭 분의 목재의 품질이 나빠 납품을 받을 수 없다는 거래처 공장의 전화였다. 담당자는 목재 나르는 작업을 중단하고 있으니 빨리 와서 확인하라고 재촉을 해댔다. 목재를 4분의 1정도 옮겼을 무렵 목재 검사팀이 검사를 한 결과, 절반 이상의 목재가 불합격 처리되는 바람에 그런 사태가 벌어진 것이었다.

그는 거래처로 가는 동안 이 문제를 해결할 적절한 방법을 강구했다. 예전의 그였다면 목재에 관한 해박한 지식을 총동원하여 다짜고짜 등급 판정 기준에 대한 검사팀의 잘못을 지적했을 것이다. 그러나 그는 논쟁을 벌이지 않고 상대를 자신의 편으로 만들 수 있는 방법을 원했다.

공장에 도착하니 담당 직원과 검사원은 화가 나서 당장이라도 달려들 기세였다. 그런 그들에게 그는 합격된 목재와 불합격된 목재를 따로 구분해달라고 부탁했다. 그리고 불합격으로 판정된 목재를 꼼꼼히 조사해 보았다. 그는 검사원이 지나치게 엄격한 판정 기준을 적용했다는 사실을 알아챘다.

문제의 목재는 백송재였으나, 검사원은 그것의 재질에 대해 잘 알고 있지 못한 듯했다. 백송재는 자신의 전문이었지만 크로레는 검사원의 방식에 대해 이의를 제기하지 않았다. 대신 그에게 목재들을 불합격시킨 이유를 물었다. 물론 상대의 잘못을 지적하는 식의 태도는 취하지 않았다.

크로레는 주의 깊은 질문을 던져 검사원 스스로 반성할 수 있도록 기회를 주었다. 질문이 계속되는 동안 화난 감정이 수그러든 검사원은 자기가 엄격한 판정 기준을 적용했을지도 모른다고 반성하는 것 같았다. 하지만 그는 이를 모른 척하며 어떤 목재를 보내야 만족하게 받아들일 수 있겠냐고 물었다.

마침내 검사원의 태도가 180도 달라졌다. 그는 다시 한 번 검사한 후 결과를 통보해 주겠다고 한발 물러섰다. 다음 날 그는 목재 전량의 대금을 수표로 받았을 뿐만 아니라 금전으로도 바꿀 수 없는 신뢰를 얻었다.

> 사람은 어떤 경우 심한 저항감 없이 자신의 사고방식을 바꾼다. 그런데 남으로부터 잘못을 지적받았을 경우는 화를 내고 고집을 부린다. 진실보다는 위기에 처한 자존심을 중시하는 것이다. 따라서 상대의 잘못을 직접적으로 지적하는 것은 금물이다.

다음은 상대방에게 스스로 반성할 수 있는 기회를 주는 구체적인 방법이다. 이것만 잘 활용해도 상대를 내 편으로 만드는 데 큰 도움이 된다.

> ■ 극단적인 말을 삼간다.
> '확실히' '틀림없이' 등과 같이 단정적인 말보다는 '나는 이렇게 생각합니다만' '나도 그렇게 생각하지만'이라는 식의 완곡한 말을 사용한다.
>
> ■ 잘못을 즉시 지적하지 않는다.
> '그런 경우도 있습니다만' '이 경우는 사정이 다른 것 같은데'라는 식으로 상대가 생각할 수 있는 기회를 준다.

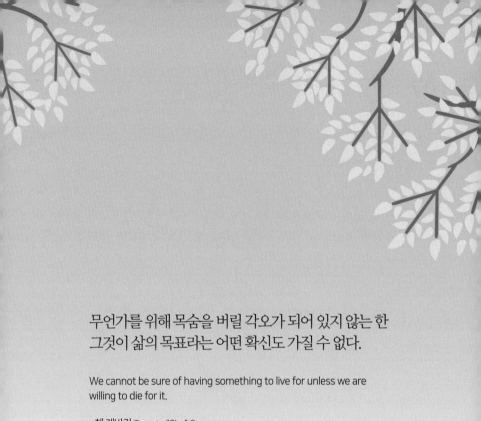

무언가를 위해 목숨을 버릴 각오가 되어 있지 않는 한
그것이 삶의 목표라는 어떤 확신도 가질 수 없다.

We cannot be sure of having something to live for unless we are
willing to die for it.

- 체 게바라 Ernesto "Che" Guevara

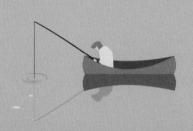

# 07
# 외교적인
# 사람이 돼라

모든 관계 속에서 빛을 발하는 것이 외교성이다. 어느
누구도 논쟁을 피하기란 어렵다. 그러므로 유능한 리더
가 되려면 자신의 감정을 잘 다스림은 물론 외교성이
절대 필요하다.

우리는 감정이 상했을 때 이성적으로 행동하지 못한다. 마음 가는 대로 화풀이를 하거나 결과는 생각하지 않고 급한 판단을 내린다. 그러나 유능한 리더가 되려면 어떤 상황에서도 감정적으로 행동해서는 안 된다. 우리가 알고 있는 유명한 지도자들은 대개 외교적인 사람이었다.

뉴욕의 리버티 가에서 정유 관련 특수 장치를 판매하는 F. J. 마하니라는 남자는 외교적인 사람이 어떤 것인지 잘 보여준다.

롱아일랜드의 한 거래처로부터 제작 주문을 받은 마하니는 상대방에게 결재를 받고 장치 제작에 착수했다. 그런데 불미스러운 일이 벌어졌다. 그것을 주문한 거래처의 사장이 주변 사람들에게 그 장치에 대한 이런저런 이야기를 듣고는 의심을 하기 시작한 것이다.

사기를 당했다고 생각한 그는 그 장치에 대해 트집을 잡고 온갖 불평을 했다. 그러더니 끝내는 화를 내며 제작 중인 주문품을 인수할 수 없다고 버텼다. 마하니는 터무니없는 소문을 듣고 고집을 부리는 그가 못마땅했다. 하지만 감정적으로 맞서지 않기로 마음을 먹었다.

마하니는 제품을 다시 낱낱이 재검토하기 시작했고, 하등의 결함이 없다는 것을 확신했다. 고객과 그의 주변 사람들의 이야기는 엉뚱한 것이었지만 그것을 사실대로 지적하지 않았다. 그의 기분이 상하면 모두 일이 수포로 돌아가기 때문이었다.

마하니는 고객을 만나기 위해 롱아일랜드까지 찾아갔다 그의 사무실로 들어서자마자 마하니는 험한 표정의 고객과 맞닥뜨려야 했다. 마하니는 고객이 실컷 화를 내도록 내버려두었다.

그는 마하니에게 이 문제를 어떻게 해결했으면 좋겠냐고 물었다. 마하니는 그가 원하는 대로 제품을 만들어주겠다고 대답했다. 그리고 지금까지 제품을 제작하기 위해 투자한 2천 달러를 고객을 위해 기꺼이 부담하겠노라고 말했다. 그러나 누군가가 책임을 져야 하므로 고객이 설계한대로 제작했을 경우 문제가 생기면 그 책임은 고객이 져야 할 것이라고 충고했다. 하지만 우리가 설계한 대로 제작을 맡긴다면 그에 따르는 책임은 우리가 질 것이라고 말했다.

마하니의 말을 들은 그는 어느 정도 흥분을 가라앉혔다. 잠시 후 그는 마하니의 제안을 받아들이고 만약 결함이 생겼을 경우 손해를 감수해야 할 것이라고 엄포를 놓았다. 물론 마하니의 회사에서는 하자 없는 제품을 두 개 더 주문했다.

고객으로부터 마하니가 받은 모욕은 이루 말할 수 없었다. 심지어 마하니를 풋내기라고까지 말했다.

어느 누구도 논쟁을 피하기란 힘든 일이다. 그러나 마하니는 자신의 감정을 잘 다스림으로써 고객을 확보하고 회사에 큰 이득을 가져다주었다.

만일 마하니가 외교성을 갖추지 않았다면 어떻게 되었을까? 일을 그르쳤을 뿐만 아니라 그 고객을 영원히 잃고 말았을 것이다.

> 외교적인 사람이란 상대가 누구든 시비를 가리는 논쟁을 하지 않고 상대의 잘못을 지적하지 않으며 좋은 관계를 유지하는 수완을 발휘하는 이를 가리킨다. 이들은 상대의 의견을 존중하고 결코 자신이 우월하다고 생각하지 않는다. 그리고 인간관계를 무엇보다 우선시한다.

외교성은 비즈니스에서만 중요한 것이 아니라 모든 관계 속에서 빛을 발한다. 그러므로 유능하고 존경받는 리더가 되려면 외교성을 지녀야 한다. 물론 갑자기 외교적인 사람이 되는 것은 불가능한 일이지만 꾸준히 연습한다면 불가능한 것도 아니다.

오래된 생각을 이제 막 발견하고 그것이 자기 것이라고
생각하는 젊은 사내만큼 유쾌하게 거만한 존재는 없다.

Nothing can be so amusingly arrogant as a young man who has just
discovered an old idea and thinks it is his own.

- 시드니 J. 해리스 Sidney J. Harris

# 08
# 내가
# 상대의 편임을
# 알게 하라

상대방의 마음이 적대감으로 가득 차 있을 경우는 아무리 그럴듯한 이론을 들먹여도 상대방을 설득할 수 없다. 내가 자기 편임을 인식시켜줬을 때 비로소 상대방은 마음을 바꾸게 된다.

어떤 사람이 상대를 적대시하는 이유는 그를 적처럼 느끼기 때문이다. 만일 상대에게 같은 편임을 느끼게 해준다면 적의를 품거나 갈등을 일으키지 않을 것이다.

세계적인 거부 록펠러는 자신이 상대의 편임을 알림으로써 거대한 파업을 막았다.

당시 미국에서는 대파업 사태가 무려 2년 동안 콜로라도 주를 온통 뒤흔들고 있었다. 미국 역사상 유례없는 일이었다. 록펠러의 회사도 예외는 아니어서 종업원들은 임금 인상 문제로 극도로 신경이 날카로워져 있었다. 회사 건물이 파괴되는가 하면 군대가 출동해서 마침내는 발포와 유혈 사태가 벌어지기에까지 이르렀다.

이런 위기일발 상황 속에서 록펠러는 어떻게든 노조를 설득해야 했다. 그는 오랜 시간 고민 끝에 노조 측의 대표자

들을 모아놓고 연설을 했다. 록펠러는 자신을 둘러싼 채 요
구 조건을 내세우며 함성을 질러대는 노동자들을 진정시키
고 지극히 우호적이고 우정 어린 태도로 그들을 순순히 설
득해나갔다. 그때 록펠러가 행한 연설의 내용은 이러했다.

"오늘은 내 생애에 있어서 특별히 기념할 만한 날이 될 것
입니다. 회사 노조 대표와 간부 직원 여러분을 한자리에서
만나 볼 수 있는 기회를 얻었기 때문입니다. 그리고 나는 이
자리에 나오게 된 것을 매우 자랑스럽게 생각합니다. 이 자
리는 오래도록 기억에 남을 것입니다. 만약 이런 기회가 없
었다면 나는 극히 몇몇 사람들을 제외하고는 인사조차 나
누지 못했을 것입니다. 나는 지난주에 한 공장을 방문했습
니다. 부재중인 분들을 제외하고는 거의 모든 대표분과 개
별적으로 이야기를 나누고, 또 그분들의 가정을 방문하여
가족들을 뵈었습니다. 우린 서로 알지 못하는 타인이 아닙
니다. 즉, 우리는 지금 고용주와 고용인이 아닌 친구로서
만나고 있는 것입니다. 저는 우리들의 우정을 바탕으로 공
통의 이해에 관해서 여러분과 이야기를 나누고자 합니다.
이 자리는 간부 직원들과 노조 대표 여러분들께서 마련한
것으로 알고 있습니다. 간부 사원도 아니고 종업원 대표도
아닌 내가 오늘 이 자리에 나오게 된 것은 오로지 여러분들

의 호의에 의해서 이루어진 것이라고 생각합니다."

록펠러의 연설은 적을 자기 편으로 끌어들이는 훌륭한 본보기라고 할 수 있다. 만약 록펠러가 논쟁을 벌이기로 작정하고 시시비비를 가리며 노조 측에 전적으로 잘못이 있다고 주장했다면 불에 기름을 붓는 격이 되고 말았을 것이다.

상대방의 마음이 적대감으로 가득 차 있으면 아무리 그럴듯한 이론을 들먹여도 상대방을 설득할 수가 없다. 부드럽고 친절한 태도로 내가 상대방의 편임을 인식시켜줘야 상대의 마음을 바꿀 수 있다.

화이트모터회사의 사례는 상대에게 우호적인 태도를 취했을 때 일어나는 현상을 잘 보여준다.

화이트모터회사의 종업원 2,500명은 임금 인상과 부당해고를 당한 사람들의 재채용을 요구하며 대대적인 파업을 일으켰다. 그러나 사장인 로버트 F. 블랙은 〈클리블랜드〉 신문 지상에 그들의 파업을 규탄하는 내용이 아닌 평화적인 자세로 파업에 들어간 것에 대한 칭찬의 글을 올렸다. 그러고는 바리케이드를 치고 있는 사람들에게 야구 장비를 사주며 쉬는 시간에 야구를 하도록 권유하였고, 볼링을 좋아하는 사람들을 위해서 볼링장을 빌려주기도 했다.

경영자 측이 취한 이러한 우호적인 태도는 놀라운 효과

를 발휘했다.

노동자들은 공장 주변을 청소하면서 평화적으로 투쟁을 했다. 그 결과 일주일이 채 못 되어 원만하게 타결을 보았다. 격렬한 파업으로 얼룩진 미국에서 일찍이 볼 수 없는 풍경이었다.

사람들이 많이 저지르는 실수 중 하나가 자신과 반대되는 주장을 펼치는 사람이 있으면 적으로 간주하고 무조건 무릎을 꿇게 한다는 것이다. 그러나 이러한 행동은 갈등 해결에 전혀 도움이 되지 않는다. 오히려 적대감만 심어주어 상대의 마음을 사로잡기가 더욱 힘들어진다.

현명한 리더는 이 세상 모든 사람의 생각이 다를 수 있음을 인정하고 상대에게 자신이 적이 아님을 인식시킨다. 반면 어리석은 사람은 우위를 점하고자 하는 욕심에서 상대를 적으로 돌리는 실수를 저지른다.

사람을 잘 다루고 싶다면 상대를 우호적으로 대하라. 상대에게 아군이라는 인식을 심어준 순간 당신은 이미 그의 마음 반을 사로잡은 것이다.

인생에 있는 큰 비밀은 큰 비밀 따위는 없다는 것이다. 당신의 목표가 무엇이든 열심히 할 의지가 있다면 달성할 수 있다.

The big secret in life is that there is no big secret. Whatever your goal, you can get there if you're willing to work.

- 오프라 윈프리 Oprah Winfrey

# 09

## '네'라고
## 대답할 수 있는
## 문제를 던져라

상대방의 마음을 움직이고 싶다면
상대에게 몇 번씩이고 '네'라고 말하게끔 만들어라.

인류 역사상 사람을 설득하는 데 있어 최고라고 할 수 있는 아테네의 철학자 소크라테스는 상대방의 잘못을 지적하지 않고 특별한 문답법을 이용해 상대의 마음을 움직였다.

소크라테스식 문답법은 아주 간단하다. 상대로부터 '네'라고 말하지 않을 수 없는 질문을 하고, 다음 질문 역시 '네'라는 대답을 끌어내는 질문을 한다. 이렇게 되풀이하는 과정에서 상대방은 자신이 최초에 부정했던 문제에 대해서 '네'라는 대답을 하게 된다.

오래전에 있었던 뉴욕의 한 은행에 근무하던 제임스 에버슨이라는 남자의 일화를 보면 소크라테스식 문답법이 어떤 것인지 잘 알 수 있다.

어느 날 한 손님이 예금 계좌를 개설하기 위해 찾아왔다.

요즘과는 달리, 그는 평소 하던 대로 필요한 사항을 물어보고 용지에 기록했다. 그런데 손님은 대부분의 질문에는 자진해서 대답을 잘해주었지만 어떤 질문엔 입을 굳게 다물고 도무지 대답하려 하지 않았다.

그는 질문에 응답하지 않으면 계좌를 개설해 줄 수 없다고 말하고 싶었다. 실제로 과거에 그는 이런 일이 생기면 상대를 몰아세웠다. 은행의 규칙을 방패 삼아 자신이 상대방보다 우위에 있음을 느끼는 것은 매우 통쾌한 일이었다. 그러나 그러한 태도는 은행을 일부러 찾아온 손님에게 호감을 주지 못한다는 것을 알게 되었다. 그 후로 그는 상대편 입장에 서서 생각하게 되었고, 상대를 설득할 수 있는 좋은 방법을 찾아냈다.

그는 이번에도 그 방법을 사용하기로 마음먹었다. 그는 상대가 '네'라고 대답하게끔 질문을 던졌다. 그리고 손님에게 마음에 들지 않는 질문에는 굳이 대답할 필요가 없다고 말했다.

그가 던진 질문의 내용은 다음과 같다.

"조금 전에 말씀드린 바와 같이 손님이 대답하지 않으셔도 상관은 없지만 만약 예금을 하신 후에 손님에게 사고가 생기면 어떻게 하시겠습니까? 법적으로 가장 가까운 사람이 예금을 찾을 수 있도록 해야겠죠?"

그러자 손님은 '네'라고 대답했다.

"그럴 경우를 대비해서 은행에서 고객과 가장 가까운 사람의 이름을 알아두려고 하는 겁니다. 좋은 방법이라고 생각하지 않습니까?"

이번에도 역시 손님은 '네'라고 대답했다. 그는 상대방이 '네'라고 밖에 말할 수 없는 질문을 반복적으로 던지면서 용지에 기록하는 사항이 은행을 위한 것이 아니라 고객을 위한 것이라는 사실을 깨닫게 했다.

에버슨이 사용한 소크라테스식 문답법이 상대방 설득에 효과적인지는 처음에 긍정적인 대답을 하느냐 부정적인 대답을 하느냐에 따라 달라진다.

상대가 일단 '아니오'라고 말하게 만들어버린다면 그것을 '네'로 만드는 것은 여간 어려운 일이 아니다. '아니오'라고 말한 이상 그것을 번복하는 것은 자존심이 허락하지 않기 때문이다. '아니오'라고 말해버리고 나서 후회할지언정 대부분의 사람들은 그것을 고집하게 마련이다. 그래서 처음부터 '네'라고 말하게끔 이야기의 방향을 이끄는 게 무엇보다 중요한 것이다.

인간이 진심으로 '아니오'라고 할 때는 단순히 입뿐만 아니라 신체의 각종 기관이 변화를 보인다. 예를 들면 분비선, 신경, 근육 등의 조직들이 일제히 딱딱하게 굳어져 거부 태세를 취한다.

반면에 '네'라고 할 경우는 이러한 현상이 전혀 일어나지 않는다. 오히려 신체 조직은 무엇인가를 받아들이려는 자세를 취한다.

그래서 '네'라는 말을 많이 하게 만들수록 상대방의 생각을 자기 쪽으로 끌고 가기가 용이해지는 것이다.

누구나 재능은 있다. 드문 것은 그 재능이 이끄는 암흑 속으로 따라 들어갈 용기다.

Everyone has talent. What is rare is the courage to follow the talent to the dark place where it leads.

- 에리카 종 Erica Jong

# 10

# 상대가
# 말을 하도록
# 유도하라

상대의 마음을 사로잡으려면 상대로 하여금 충분히 말을 하도록 배려하는 것이 좋다. 나의 천 마디 말보다 상대의 말 한마디 속에 마음을 사로잡는 열쇠가 있기 때문이다.

상대를 설득하기 위해 자기 혼자만 떠드는 사람들이 있다. 특히 세일즈맨 중에 그런 부류가 많은데 이는 전혀 효과적인 방법이 아니다. 상대의 마음을 움직이려면 상대로 하여금 충분히 말을 하도록 만드는 것이 좋다. 본인에 대해서는 본인이 가장 잘 알고 있으므로 상대방 스스로 말을 하도록 배려하는 것이 현명하다.

다른 사람을 설득하기로 마음을 먹었다면 상대의 말이 계속되는 동안에는 이의를 달고 싶어도 참아야 한다. 참을성 있게 들어주며 거리낌 없이 자기 의견을 말하도록 배려해야 한다. 물론 역효과를 부를 수 있다고 이의를 제기하는 사람도 있을 것이다. 하지만 한번 실천해보라. 상대의 마음을 움직이는 데 얼마나 효과적인지 알게 될 것이다.

자동차 장식용 직물류를 파는 회사의 사장인 R씨는 우연히 이 사실을 깨닫는 행운을 얻었다.

미국 굴지의 한 자동차회사에서 차내 장식용 직물류 1년 치를 구매하기 위해 R씨의 회사를 비롯한 세 곳의 회사로 부터 견본과 견적서를 제공받았다.

그것을 세밀히 검토한 자동차회사의 중역들은 최종적인 설명을 들은 후 계약을 하겠다며 각 회사의 대표자들에게 지정된 날짜에 방문해 달라고 요청을 했다. 그 당시 R씨는 심한 후두염을 앓고 있었지만 지정된 날 자동차회사를 찾아갔다.

다른 회사 대표들의 설명이 다 끝나고 마침내 R씨가 발표할 차례가 되었다. 그는 설명을 하려고 애를 썼지만, 목이 아파 도무지 목소리가 제대로 나올 것 같지 않았다. 역시나 입을 열었지만 갈라진 소리만 나왔다. 그곳에는 자동차회사의 사장을 비롯해 각 부서의 책임자들이 둘러앉아 있었기 때문에 상황은 절망적이었다.

할 수 없이 그는 종이에 '후두염 때문에 말을 제대로 할 수가 없습니다.'라고 쓴 다음 가까이 있는 중역에게 건넸다. 그것을 본 중역은 물끄러미 그를 쳐다보더니 자신이 직접 설명하겠다고 자청했다. 중역은 그가 준비해온 서류를 펼치고 그의 회사 제품의 장점을 설명하기 시작했다. 그러자 각 부서의 책임자들이 자기 의견을 활발하게 제기하였다. 그 중역은 그의 입장이 되어 성심성의껏 설명을 했다. 그가 한 일이라고는 미소를 짓거나, 머리를 끄덕이는 제스처를 취하는 것뿐이었다.

그런데도 그는 그 계약 건을 따냈다. 그때 그는 상대방으로 하여금 말을 하게 하면 때론 예상치 못한 좋은 결과를 얻을 수 있다는 사실을 깨달았다.

하지만 상대에게 말을 하도록 만드는 것은 여간 힘든 일이 아니다. 특별한 비결이 필요한데 그 방법은 매우 간단하다. 상대가 가장 관심을 가지고 있거나 자부심을 가지고 있는 화제를 꺼내는 것이다.

필라델피아 전기회사에 다녔던 조셉 S. 웹은 이를 이용하여 상대가 말을 하도록 만드는 데 성공했고, 자신의 목적을 달성했다.

그가 근무하고 있을 당시는 전기가 갓 보급되던 때로 전기회사 직원들이 가정을 방문하여 전기 사용을 권유하고 다녔다. 조셉 역시 담당자와 펜실베니아주의 부유한 네덜란드인들이 모여 사는 마을을 시찰한 적이 있었다. 그 지역의 농가들은 모두 전기를 사용하지 않고 있었다. 조셉은 동행한 담당자에게 이 마을은 왜 전기를 사용하지 않는지 물었다. 그러자 담당자는 마을에 사는 사람들은 지독한 구두쇠들이라고 대답했다. 담당자는 전기 사용을 몇 번을 권유했지만, 허탕만 쳤다고 말했다.

조셉은 직접 문제를 해결할 목적으로 한 농가를 찾아갔다. 문을 열어준 그 집의 안주인은 그들이 전기회사 사람인 것을 알자 이내 문을 닫아버렸다. 하지만 조셉은 포기하지 않고 노크를 했다. 그러자 그 집 안주인은 마지못해 문을 열어주었다. 그러고는 입에 담지 못한 험한 욕설을 퍼부었다.

조셉은 그녀의 욕설을 다 들어주었다. 그리고 욕설이 다 끝날 즈음에 정중하게 전기 문제 때문에 찾아온 것이 아니라 달걀을 사려고 왔다고 말했다. 그러자 안주인은 미심쩍은 표정으로 조셉을 쳐다보았다.

조셉은 굴하지 않고 그 집에서 키우는 닭의 종류가 도미니크 종이 아니냐고 묻고는 훌륭하다고 칭찬을 했다. 그러자 안주인은 호기심 어린 눈으로 그에게 닭이 도미니크 종인 줄 어떻게 알았냐고 물었다. 조셉은 웃으며 자신도 닭을 키우고 있다고 대답했다. 그러자 안주인은 다시 방어적인 자세를 취하며 댁의 달걀을 먹으면 되지 왜 우리 집 달걀을 사려 하느냐고 반문했다. 조셉은 웃으며 과자를 만들려고 하는데 자신이 키우는 닭은 레그혼 종이기 때문에 흰 달걀

밖에 낳지 못한다고 답했다. 과자를 만드는 데는 흰 달걀보다는 노란 달걀이 좋기 때문이다.

이야기가 여기까지 진전되자 그녀의 마음은 꽤 누그러진 듯했다. 그동안 주위를 유심히 살펴본 조셉은 그녀의 농장에 낙농 설비가 갖추어져 있음을 알았다. 이를 놓칠세라 조셉은 안주인에게 "부인이 기르는 닭이 젖소의 우유보다 훨씬 이윤이 많이 남지 않습니까?"라고 물었다.

조셉은 그녀가 자신의 닭에 대해 남다른 애정을 가지고 있음을 간파한 것이다. 아니나 다를까 그의 예상은 적중했고, 그녀는 완고한 남편이 조셉이 지적한 사실을 설득해도 인정하려 들지 않는다고 불평했다. 그러면서 조셉을 닭장으로 안내했다. 그곳을 돌아보는 동안 조셉은 안주인이 만든 여러 장치에 대해 칭찬을 해주었다. 그는 사료는 무엇이 좋고, 온도는 몇 도가 적당한지 등에 대해 그녀에게 물어보는 등 즐겁게 시간을 보냈다.

그러던 중 그녀는 닭장에 전등을 켜서 상당한 수익을 올린 농가가 있다는 소문이 사실이냐고 물었다. 조셉은 솔직하게 사실대로 말해주었다.

2주일 후, 그 농가는 전기를 사용하게 되었다. 조셉은 조셉대로 안주인은 안주인대로 좋은 결과를 얻을 수 있었다.

상대방이 가장 관심을 가지고 있고, 자부심을 가지고 있는 화제를 거론함으로써 상대가 말을 하도록 만들어라. 일방적으로 내 쪽의 좋은 점만 설명하려 들면 바라는 목적을 달성할 수 없다.

사람들은 대부분 자화자찬하는 상대방의 이야기를 듣는 것보다 자신의 이야기를 하고 싶어 한다. 따라서 프랑스의 철학자 라 로슈프코의 말처럼 상대를 내 편으로 만들려면 상대방이 이기도록 해야 한다. 즉, 상대의 마음을 사로잡으려면 그가 자신의 이야기를 많이 할 수 있도록 양보할 줄 알아야 한다.

나의 천 마디 말보다 상대의 말 한마디 속에 마음을 사로잡는 열쇠가 있다.

성공이란 열정을 잃지 않고 실패를 거듭할 수 있는
능력이다.

Success is the ability to go from one failure to another with no loss
of enthusiasm.

- 윈스턴 처칠 Winston Churchill

# 11

## 스스로
## 생각하도록
## 만들어라

강요당하고 있다는 느낌을 좋아할 사람은 아무도 없다. 누구나 자기 스스로 생각해낸 의견을 중시한다. 그러므로 유능한 리더가 되기 위해서는 상대가 스스로 생각하도록 만들 수 있어야 한다.

사람들은 대개 타인에 의해 강요된 의견보다는 자기 스스로 생각해낸 의견을 더 중시한다. 이 말은 근본적으로 남에게 의견을 강요하는 것은 잘못된 일이라는 의미이기도 하다. 힌트만 주고 상대로 하여금 결론을 내리게 하는 것이 현명한 방법이다.

　자동차 판매업을 하는 아돌프 젤스는 판매 부진으로 기가 죽어있는 직원들에게 이 방법을 사용하여 큰 실효를 거두었다.

　판매 전략회의를 연 그는 직원들에게 판매 부진으로 인한 책임을 추궁하기보다는 자신들의 요구를 서슴없이 발표해줄 것을 요청했다. 그리고 부하 직원들의 의견을 모두 수렴할 테니 그 대신 회사를 위해 무엇을 할 수 있는지 말해 달라고 부탁했다.

그러자 직원들은 이것저것 요구사항을 말하고, 즉석에서 충성을 맹세하는가 하면, 솔선수범할 것을 약속했다. 또 하루 8시간 동안 일을 하자는 의견을 제시하는가 하면 심지어 14시간 동안 일을 하자는 사람도 있었다.

회의는 성공적으로 끝났고, 그 후 판매 실적은 놀라울 만큼 향상되었다.

직원들에게 스스로 생각하게 만듦으로써 직원들의 의욕도 살리고 회사의 발전에도 도움이 되는 많은 아이디어를 얻은 것이다.

강요당하고 있다든가, 명령을 받고 있다는 느낌을 좋아할 사람은 아무도 없다. 우리가 알고 있는 유능한 리더들은 대개 상대가 스스로 생각하도록 만드는 능력이 뛰어났다.

그중 시어도어 루스벨트는 가장 대표적인 인물이나 할 수 있다.

그가 뉴욕 주지사로 재직하고 있을 무렵, 각 정당의 대표들과 친근하게 지내면서 그들이 반대하는 정치 개혁을 강행하곤 했다. 특히 중요한 보직을 결정할 때마다 각 정당의 대표들을 초대하여 그들로 하여금 후보자를 추천하도록 했다.

다음은 그에 관한 이야기이다.

루스벨트가 인물을 추천해달라고 하자 대표들은 자기 정당에서 뒤를 돌봐주어야 할 만큼 대단치 않은 인물을 소개했다. 그래서 루스벨트는 대표들에게 시민들이 그 인물을 보직에 앉힌 이유를 수긍하지 못할 것이라고 말하고 보류시켰다.

그들이 다음에 추천한 인물은 자기 정당에서만 겨우 힘을 쓰는 사람으로 아무런 장단점이 없는 인물이었다. 그래서 루스벨트는 대표들에게 좀 더 시민들이 납득할 수 있는 적임자를 추천해달라고 부탁했다. 하지만 세 번째 인물도 역시 적격자가 아니었다.

루스벨트는 대표들에게 한 번만 더 깊게 생각해봐달라고 부탁했다.

그제야 비로소 대표들은 루스벨트가 염두에 두고 있던 인물을 추천했다. 루스벨트는 그들에게 감사를 표하며 그 사람을 임명했다. 대표들에게 스스로 생각하고 결정할 수 있는 권한을 줌으로써 반대에 부딪히지 않고 자신이 원하는 인물을 보직에 앉힌 것이다. 만일 처음부터 천거할 사람을 지명했다면 대표들의 거센 반대에 부딪혔을 것이다.

상대에게 스스로 생각할 수 있는 기회를 부여하는 것이 상대를 내 편으로 끌어들이는 데 얼마나 효과적인지 깨달기란 힘들다. 왜냐하면 인간은 본능적으로 자기 생각을 상대에게 주입시켜 설득하려고 하기 때문이다.

한 남자는 수천 달러의 손해를 보고서야 이 진리를 깨달았다. 스타일리스트나 직물업자에게 스튜디오 디자인을 판매하는 그는 거래를 성사시키기 위해 뉴욕의 어느 일류 디자이너를 3년 동안 한 번도 거르지 않고 방문했던 적이 있다. 그 디자이너는 그를 매주 만나주기는 했지만 한 번도 그의 디자인을 사준 적이 없었다. 매번 그려간 스케치를 보면서 마음에 들지 않는다고 되돌려주었다. 그가 들인 시간이나 노력을 생각한다면 수천 달러의 손해를 보는 일이었다.

계속 실패를 거듭한 뒤 그는 다른 방법을 강구해야 할 필요성을 느꼈다. 그리고 디자이너를 자신의 편으로 만들 수 있는 방법을 찾아냈다.

그는 새로운 방법을 실험하기 위해 미완성된 디자인 몇 장을 가지고 디자이너 사무실로 찾아갔다. 그러고는 오늘은 미완성된 스케치를 가지고 왔으니 이것을 어떻게 완성시켜야 할지 조언을 해달라고 부탁했다. 그러자 그 디자이너는 말없이 스케치를 쳐다보더니 2~3일쯤 연구해볼 테니 한 번 더 방문해달라고 말했다.

3일 후 그는 다시 디자이너를 찾아갔다. 그리고 디자이너로부터 여러 가지 의견을 들은 다음, 스케치를 다시 가지고 와서 작품을 완성시켰다. 디자이너는 그의 작품을 보고 두말할 것도 없이 모두 구매해주었다. 즉, 디자이너는 자기가 필요로 하는 디자인을 스스로 창작하고 그것을 구매까지 한 셈이다.

그는 그 일을 계기로 몇 년 동안 디자이너를 설득하는 데 실패한 이유를 절실히 깨달았다. 자기의 생각을 강매하려고만 했던 것이다.

> 사람은 다른 사람에 의해 강요된 의견보다는 자기 스스로 생각해낸 의견을 중시한다. 따라서 강요하거나 명령하지 말고 스스로 생각하고 깨닫게 해야 상대를 내 편으로 만들 수 있다.

어린아이도 자신의 의견을 무시한 채 강요하는 것을 좋아하지 않는 법이다. 이 점을 염두에 두지 않는 사람은 어떤 분야에서든 성공적인 리더가 될 수 없다.

상대방의 생각을 통제하고 싶더라도 상대로 하여금 스스로 생각하게 하라. 그렇지 않으면 당신은 상대의 마음을 사로잡을 수 없다.

# 12

# 동정심을
# 갖게 하라

동정심은 자존심을 모두 버리고 상대에게 머리를 조아리
라는 것이 아니다. 상대방의 입장에 서서 자신의 실수나
잘못을 적극적으로 인정하라는 것이다.

인간은 대개 자신보다 나약하거나 못난 사람들을 보게 되면 마음의 동요를 느낀다. 흔히 이를 가리켜 동정심이라고 하는데, 타인의 마음을 움직이는 데 매우 효과적인 방법이다.

동정심은 상대와 갈등이 생기거나 자신에 대해 나쁜 감정을 가지고 있을 때 마법처럼 선의를 갖게 만든다. 아무리 화가 난 사람도 "당신이 그렇게 생각하는 것은 당연합니다. 만약 내가 당신이라도 그렇게 생각할 것입니다."라고 동정심을 자극하면 마음이 풀어지게 마련이다. 더구나 상대방의 입장에 서서 이런 말을 하면 그만큼 성의가 담긴 말이 된다.

우리가 만나는 대부분의 사람들은 대개 동정에 약하다고 해도 과언이 아니다. 그렇다고 동정심을 유발하기 위해

지나치게 자신을 낮춘다거나 사과를 연발하라는 말은 아니다. 이러한 행동은 오히려 상대방에게 한심하다는 생각을 갖게 만들 수도 있고, 기분을 상하게 할 수도 있다.

여러분은 일단 동정심이 생기면 상대에게 한없이 너그러워진다는 사실을 직접 체험하거나 혹은 주변에서 수없이 목격했을 것이다.

어느 날 데일 카네기가 한 라디오 방송에서 ≪청춘인생≫의 작가 루이저 메이 올코트에 대한 이야기를 하던 중 사소한 실수를 한 적이 있다. 그녀가 메사추세츠주의 콩코드에서 불멸의 소설을 썼다는 사실을 분명히 알고 있으면서도 실수로 뉴헴프셔주의 콩코드라고 두 번씩이나 잘못 말해버린 것이다.

그 방송을 들은 청취자들이 가만히 있을 리가 없었다. 방송국과 카네기에게 신랄한 비난이 날아들었다. 특히 메사추세츠의 콩코드가 고향인 한 여성은 매우 분개해서 입에 담을 수 없는 비난을 퍼부어댔다. 이런 여성과 결혼을 하지 않은 것이 얼마나 다행인지 모르겠다는 생각이 들 정도였다.

카네기는 그녀에게 '나는 단지 지명을 잘못 말하는 잘못을 저질렀으나 당신은 예의에 어긋나는 큰 실수를 범하고 있다'는 내용의 답장을 보내주고 싶었다.

그러나 카네기는 이내 그것이 어리석은 짓이라는 걸 깨달았다. 카네기는 그녀로 인해 바보가 되고 싶지 않았다. 그래서 그녀의 적의를 호의로 바꾸어 보기로 작심했다.

카네기는 그녀에게 전화를 걸었다. 그녀가 전화를 받자 자기소개를 하고 방송 사고에 대해 사과를 했다. 덧붙여 자신의 잘못을 지적해준 그녀에 대해 감사의 마음을 전했다. 그녀의 입장에 서서 동정심을 자극한 것이다.

그러자 딱딱한 어조이던 그녀는 한층 부드러운 목소리로 오히려 자신이 사과를 해야 할 입장이라며 어쩔 줄 몰라 했다. 하지만 카네기는 물러서지 않고 그녀가 사과할 필요는 전혀 없으며 어린아이도 알고 있는 아주 기본적인 실수를 저지른 자신에 대해 다시 한번 사과의 말을 전한다고 얘기했다. 그러자 그녀는 더욱 안절부절못하였다.

인간은 모두 동정심을 원한다. 상처 난 아이들은 일부러 상처를 내보이거나 소리 내어 욺으로써 부모에게 동정을 구하고, 성인들은 자신의 힘들었던 이야기를 함으로써 상대의 동정심을 구한다.

이렇듯 자신의 불행을 통해 상대로부터 연민의 정을 느끼고 싶어 하는 마음은 정도의 차이는 있으나 인간이라면 누구에게나 있다.

유명인들도 예외는 아니다. 성격이 괴팍하기로 소문난 살리아핀 역시 마찬가지였다.

솔 휴로크는 미국 음악계에서 이름난 매니저였다. 그는 20여 년 동안 살리아핀, 이사도라 덩컨, 파블로바 등과 같은 세계적으로 유명한 예술가들과 함께 일을 했다. 그래서 그는 까다로운 예술가들의 마음을 움직이는 기술이 남달랐다.

그가 살리아핀의 매니저로 일할 때의 일이었다. 그는 이 가수의 괴팍한 성격 때문에 골머리를 앓고 있었다. 그런 살리아핀이 한번은 '오늘은 컨디션이 좋지 않아 노래를 할 수 없다'며 공연 스케줄을 어기려 했다. 예매도 다 끝난 상황에서 황당한 일이 아닐 수 없었다.

그러나 그의 성품을 익히 알고 있던 휴로크는 결코 화를 내지 않았다. 그와 논쟁을 해봤자 아무 소용이 없다는 사실을 너무도 잘 알고 있던 그는 급히 살리아핀이 묵고 있는 호텔로 달려갔다. 그러고는 무리하게 노래를 해서 명성에 금이 가는 것보다 계약을 취소하는 것이 훨씬 낫다며 그의 뜻대로 공연을 취소시키겠다고 말했다.

그러자 살리아핀은 한숨을 쉬며 조금 쉬면 괜찮아질 것

같으니 5시쯤에 다시 와달라고 부탁했다.

시간이 되어 호텔에 찾아간 그는 다시 굳이 무리할 필요 없다고 말했다. 그러자 살리아핀은 조금 더 있으면 몸이 완전히 회복될 것 같다며 7시 반에 다시 와달라고 부탁했다. 결국 그날 살리아핀은 훌륭하게 공연을 마쳤다.

> 상대의 마음을 움직이고 싶다면 그의 동정심을 유발하라.
> 연민은 상대의 입장에서 이해하려는 마음을 갖게 만든다.

만약 휴로크가 그에게 막무가내로 공연을 취소시킬 수 없다며 화를 냈다면 어떻게 됐을까? 아마도 괴팍한 성격의 살리아핀은 그를 골탕 먹이기 위해 더욱 고집을 부렸을 것이다. 휴로크는 이를 예상하고 그의 몸을 진심으로 걱정하는 것처럼 행동함으로써 그의 마음을 움직인 것이다.

어떤 이는 동정심을 구하는 행위를 자존심 상하는 일이라고 생각하는데, 이것은 동정과 구걸을 구별하지 못한 데에서 나온 착각이다.

# 13

# 경쟁심을
# 자극하라

사람은 누구나 투지와 경쟁의식을 가지고 있다. 그래서
이것을 자극하면 자신이 다른 사람보다 뛰어나다는
사실을 입증하기 위해 적극적인 반응을 보이게 된다.

다른 사람보다 우위를 차지하고 싶은 욕구, 즉 경쟁의식은 인간의 본능 중 하나이다.

우리가 알고 있는 수많은 유명인에게 만약 경쟁의식이 없었다면 그와 같은 성공을 이룰 수 없었을 것이다. 그들은 한결같이 경쟁의식에 자극받아 피나는 노력을 했고, 실패 속에서도 다시 일어설 수 있었다.

그 대표적인 인물이 시어도어 루스벨트 대통령이다.

스페인과의 전쟁에서 돌아온 그는 곧바로 뉴욕 주지사로 선출되었다. 그러자 반대파들이 루스벨트에게는 법적으로 뉴욕주의 거주인으로서 자격이 없다고 항의했다. 그들의 주장에 당황한 루스벨트는 사퇴를 하겠다고 말했다. 그러자 토머스 콜리어 플레트가 호통을 쳤다.

"산 후앙 언덕의 용사가 겁쟁이가 되다니!"

이 말에 자극을 받은 루스벨트는 사의를 번복하고 반대 파와 싸울 결심을 하게 되었고, 먼 훗날 미국의 대통령에까지 오르게 되었다.

루스벨트의 투지를 자극한 토머스 콜리어 플레트의 그 한마디가 없었다면 그의 삶은 어떻게 바뀌었을까? 어쩌면 루스벨트는 평범하게 살다가 생을 마감했을지도 모른다.

이처럼 사람은 누구나 투지와 경쟁의식을 가지고 있으며 이것을 자극받았을 때 크게 반응한다. 바꾸어 말해서, 상대의 마음을 움직이려면 그 사람의 경쟁심을 자극하면 된다.

알 스미스의 일화는 상대의 경쟁심을 자극하는 것이 상대를 내 편으로 만드는 데 얼마나 효과적인지 잘 보여준다.

알 스미스가 뉴욕 주지사로 있을 때의 일이다.

그는 싱싱교도소의 소장직에 임명할 인물이 없어서 전전 긍긍하고 있었다. 교도소 내의 질서가 문란해지고 분위기가 좋지 않았기 때문에 무엇보다 질서를 바로잡을 수 있는 강력한 리더십을 가진 인물이 필요했다.

고심 끝에 그는 뉴햄프턴의 루이스 로즈를 적임자로 지목했다. 로즈를 호출한 스미스는 싱싱교도소의 소장직을 맡아줄 것을 권했다. 그러자 로즈는 난처한 표정을 지었다. 사실 싱싱교도소의 소장이 되는 것은 여러 면에서 달갑지 않은 일이었다. 게다가 소장이라는 직위는 정치계의 흐름에 민감하기 때문에 수시로 교체되기 일쑤였다. 3개월을 넘기지 못하고 물러나는 경우가 허다했다. 로즈의 입장에서는 자칫 잘못하다 자신이 난처하게 될지도 모른다고 생각할 만했다. 그가 주저하는 것을 본 스미스는 이렇게 말했다.

"하긴 너무 힘든 직책이야. 마음이 내키지 않는 것도 무리는 아니지. 웬만한 인물은 감당도 하지 못할 테니까."

이 말을 들은 로즈는 태도가 돌변하여 싱싱교도소의 소장직을 맡겠다고 말했다. 이를테면 스미스의 말에 '웬만한 인물은 감당도 하지 못할 일을 해보고 싶다'는 투지가 생긴 것이다.

소장직을 수락한 로즈는 부임한 뒤, 열심히 일해서 그의 이름을 모르는 사람 없을 정도로 유명인사가 되었다. 그의 저서 《싱싱교도소에서의 2년》이라는 책은 수십만 부가 팔렸고, 방송에도 출연했으며, 그의 이야기가 몇 편의 영화로 제작되기도 했다. 그의 〈수감자 대우 개선론〉은 교도 행정에 획기적인 개혁을 가져왔다.

바위처럼 요지부동인 사람의 마음을 움직이고 싶다면 그의 경쟁심을 자극하라. 자신하건대 다른 사람보다 뛰어나다는 사실을 입증하기 위해 상대는 당신이 의도한 대로 따라올 것이다.

물론 상대의 경쟁심을 자극하는 것이 과연 현명한 방법인지 한편으로는 의문스러운 사람도 있을 것이다. 이런 사람들은 여기서 말하는 경쟁심이 남보다 더 갖겠다는 악착스러운 경쟁심이 아니라, 남들보다 뛰어나야 한다는 경쟁심이라는 사실을 염두에 두길 바란다.

우연은 항상 강력하다. 항상 낚싯 바늘을 던져두라. 전혀 기대하지 않은 곳에 물고기가 있을 것이다.

Chance is always powerful. Let your hook be always cast; in the pool where you least expect it, there will be a fish.

- 오비디우스 Publius Ovidius Naso

*The secret to making people like you*

CHAPTER II

호감을 불러일으키는 비결

# 14
## 상대방의
## 입장에서
## 생각하라

유능한 리더가 되려면 자신의 입장과 동시에 타인의
입장에서 사물을 볼 수 있는 능력을 키워야 한다.

사람은 본능적으로 자신의 일에만 관심이 있다. 그래서 갈등이 생겼을 때 가장 먼저 자신의 입장을 생각하게 된다.

자기의 처지를 이해해주지 않는 상대를 원망만 할 뿐 상대의 처지를 이해하려 들지 않는다. 하지만 이러한 행위는 문제 해결에 전혀 도움이 되지 않을뿐더러 심지어 상대를 적으로 만들 수 있다.

어느 회사에서 직원회의가 열렸는데, 자유 토론 시간에 한 직원이 벌떡 일어나더니 이렇게 말했다.

"여러분은 농구를 왜 안 하는 겁니까? 저는 농구가 하고 싶어서 몇 번이나 체육관에 갔었는데 항상 인원이 부족해서 게임을 할 수가 없었어요. 지난번에는 두세 명밖에 없어서 할 수 없이 볼 던지기를 했어요. 그러니까 내일 밤에 꼭 농구를 하러 나오세요. 저는 농구를 하고 싶어 미칠 지경이라고요."

이 얼마나 어리석은 행동인가? 그는 상대가 농구를 하고 싶어 하든 말든 전혀 관심이 없었다. 계속 체육관이 비어 있다는 것은 동료들이 농구를 하고 싶지 않다는 뜻임이 분명하다.

그런데도 그는 상대의 입장은 전혀 고려하지 않은 채 다른 사람들이 농구를 하지 않은 탓에 자신이 농구를 할 수 없다고 불만을 토로했다. 농구를 하고 싶어 하는 자신의 입장이 있듯 농구를 하고 싶지 않은 상대방의 입장도 있는 것이다. 이처럼 자신의 입장만 강요한다면 다른 사람의 마음을 움직일 수 있겠는가?

사람들은 상대와 갈등이 생기면 감정이 격해져 더욱 자신의 입장만 고수하려 든다. 하지만 유능한 리더는 침착하게 자신의 입장보다는 상대방의 입장을 먼저 생각한다. 갈등 해결의 열쇠는 상대에게 있다는 것을 잘 알기 때문이다. 상대를 내 편으로 만들어야 하는데 내 입장만 고수한다고 생각해보라.

다음은 데일 카네기의 일화이다.

카네기는 강연회를 열기 위해 호텔을 자주 이용하는 편

이었다. 때론 매 시즌마다 정기적으로 일정 기간 호텔의 홀을 빌리는 경우도 있었다. 뉴욕에 있는 한 호텔도 마찬가지였다.

카네기는 어김없이 그 호텔의 홀을 20일 동안 밤 시간에만 사용하기로 했다. 그런데 갑자기 호텔 측으로부터 사용료를 종전보다 세 배를 올리겠다는 통지가 날아왔다. 이미 티켓 예매가 이루어지고 있는 상황에서 당황스러운 일이 아닐 수 없었다.

카네기는 호텔의 부당한 처사를 용납할 수 없었다. 당장이라도 지배인에게 달려가 이렇게 소리치고 싶었다.

"이봐! 지금 와서 세 배로 값을 올린다는 것은 부당하지 않은가? 티켓도 이미 다 인쇄되어 있는데…. 그뿐인가, 광고도 이미 나간 상태라고. 세상에 이런 법이 어디 있나?"

하지만 카네기는 이런 식으로 의사를 전달해봐야 아무 소용이 없을 것이라고 판단했다. 왜냐하면 호텔 측은 자신들의 문제만을 생각하고 있을 것이기 때문이다. 그래서 이틀 동안 곰곰이 생각한 후에 호텔 지배인을 만나러 갔다. 그러고는 이렇게 말했다.

"귀하의 통지를 받고 다소 놀랐습니다. 그러나 나는 당신을 나무랄 생각은 없습니다. 내가 당신의 입장이라도 아마

그와 같은 통지를 했을 것입니다. 지배인으로서 가능한 한 호텔의 수익을 올리는 것이 임무일 테니까요. 그 일을 제대로 수행하지 못하는 지배인이라면 마땅히 면직되겠지요. 그런데 이번 사용료 인상 문제가 호텔 쪽에 어떤 이익과 손해를 초래할까요? 제가 오늘 귀하를 찾아온 까닭은 그것을 알리기 위해서입니다."

카네기는 종이를 펼치고 사용료를 인상했을 경우 호텔에 돌아가는 이익과 손해를 꼼꼼히 따지기 시작했다. 그리고 손익표가 그려진 종이를 지배인에게 건네주고 잘 생각한 후에 최종적인 답변을 달라고 말했다.

그다음 날 어떤 일이 벌어졌겠는가? 카네기는 호텔 측으로부터 사용료를 세 배가 아닌 50퍼센트만 인상하겠다는 통지를 받았다.

만약 카네기가 흥분한 상태로 지배인에게 달려가 자기 입장만을 피력했다면 이러한 결과는 얻지 못했을 것이다. 어쩌면 호텔 측과 심각한 갈등을 일으켰을지도 모른다. 카네기는 자기 입장보다는 상대방의 입장을 먼저 생각함으로써 문제를 해결할 수 있는 돌파구를 찾은 것이다.

자동차 왕 헨리 포드는 자신의 성공 비결을 '자신의 입장과 동시에 타인의 입장에서 사물을 볼 수 있는 능력'이라고 말했다. 이 방법은 단순하기 이를 데 없어 보이지만 상대방을 자신의 지지자로 만드는 데 매우 효과적인 방법이다. 지금 당장 실천해보라.

이 방법을 완벽하게 실천할 수 있다면 당신은 이미 유능한 리더가 될 자격을 갖췄다고 볼 수 있다.

# 15

# 상대의 말에 귀를 기울여라

아무리 냉정한 사람이라도 자신의 이야기에 귀를 기울이는 상대에게는 마음이 흔들리게 마련이다. 따라서 자신의 이야기를 접어두고 상대의 이야기에 귀를 기울이도록 노력해야 한다.

사람들은 흔히 능수능란하게 화술을 구사하는 이를 '말 잘하는 사람'이라고 생각하는데 듣기를 잘하지 못하면 진정으로 말하기에 능하다고 할 수 없다. 말하기는 듣기까지 포함한다.

어떤 사람이든 다른 사람의 이야기를 듣는 것보다 자신의 이야기를 하는 것을 더 좋아한다. 이것은 본능적인 것으로 이 욕구를 억누르고 다른 이의 이야기에 집중하는 것은 좀처럼 쉬운 일이 아니다. 그래서 듣기를 잘하는 사람은 말을 유창하게 구사하는 사람만큼 말을 잘한다고 해도 과언이 아니다. 상대방을 설득하기 위해 열심히 떠드는 것보다 진지하게 귀를 기울이는 것이 더욱 효과적인 경우가 많다.

오래전 데일 카네기는 한 출판회사가 주최하는 만찬회에

참석한 적이 있었다. 그곳에서 오래전부터 만나고 싶었던 유명한 식물학자를 만나 한 번도 들어본 적 없는 식물 이야기에 완전히 빠져들고 말았다.

당시 카네기의 집에는 작은 실내 정원이 하나 있었다. 카네기는 좋은 기회를 놓칠 수 없어 그에게 정원에 관한 몇 가지 질문을 했다. 카네기의 질문에 그는 시원스럽게 대답해주었고, 카네기는 더욱 그의 이야기에 빠져 몇 시간 동안 그와 대화를 나누었다. 그러던 중 밤이 깊어 만찬회가 끝이 났다.

카네기는 그에게 매우 즐거운 시간이었다는 말과 함께 그의 박학다식함에 찬사를 보냈다. 그러자 그는 집주인에게 이렇게 말했다.

"카네기 씨는 정말 이야기꾼이군요."

카네기는 그의 이야기를 듣고는 고개를 갸우뚱했다. 그 이유는 자기가 식물학자와 이야기를 하는 동안 거의 아무말도 하지 않았기 때문이다. 다른 화제라면 모를까 식물에 관해 이야기하기에는 지식이 풍부하지 못했다. 그런데 식물학자는 카네기가 진정한 이야기꾼이라고 찬사를 보내는 것이 아닌가.

그때 카네기는 듣기를 잘하는 것이 얼마나 중요한지 깨

달았다.

식물학자가 카네기를 이야기꾼이라고 칭찬한 것은 자신의 이야기를 성심성의껏 들어주고 적절한 질문도 아끼지 않았던 것에 대한 찬사였다.

하버드대학의 총장을 역임했던 찰스 엘리어트는 이렇게 말했다.

> 상담에 성공하기 위한 별다른 비결은 없다. 다만 상대의 이야기에 귀를 기울이는 것이 중요하다. 어떤 감언이설도 이를 능가하지 못한다.

이런 예는 굳이 먼 곳에서 찾지 않아도 우리 주변에서 흔히 볼 수 있다. 가령 어마어마한 돈을 들인 가게가 있다고 하자. 이 가게는 최고급 자재로 인테리어를 하고 상품을 보기 좋게 진열해놓았다.

그리고 대대적으로 광고를 했다. 사람들이 구름처럼 몰려들 것은 뻔하다. 그런데 사람들은 이 가게에 가기를 꺼렸다. 손님의 말에 귀를 기울이지 않는 점원들의 태도 때문이었다. 점원들은 손님의 이야기를 중간에 잘라 버리는가 하면 화를 내기 일쑤였다. 누가 이런 가게에 가서 물건을 구입하고 싶겠는가.

"말 한마디에 천 냥 빚을 갚는다."라는 말이 있듯 상대의 말을 잘 들어도 어려운 상황을 호전시킬 수 있다.

세계적인 모직물회사 데드마의 일화는 그 대표적인 예라고 할 수 있다.

창립 후 얼마 되지 않았을 무렵 한 고객이 사장실로 뛰어들어 소란을 피운 사건이 일어났다. 그 고객은 데드마의 거래처로 데드마에 15달러의 채무가 남아 있었다. 그러나 그는 그럴 리가 없다며 막무가내로 우겼다. 하지만 장부를 확인한 결과 그 사실은 정확했다. 그래서 회사에서 여러 차례 독촉장을 보냈고, 이에 화가 난 그가 사장실로 뛰어 들어온 것이다.

그는 다짜고짜로 화를 내면서 다시는 거래하지 않겠다고 잘라 말했다. 초대 사장이었던 줄리앙 F. 데드마는 그에게 사실 여부를 따지고 싶었지만, 그것은 최선책이 아니라고 생각했다. 그래서 사장은 그의 이야기를 끝까지 들어주었다.

한참 동안 열변을 토하던 고객은 이내 흥분한 마음을 가라앉혔고, 상대의 이야기를 들어줄 자세를 취했다. 사장은 그 기회를 놓치지 않고 고객에게 폐를 끼쳐 죄송하다는 말과 함께, 일부러 회사까지 찾아준 것에 대해 고맙다고 인사를 전했다. 그리고 회사에서 착오로 문제가 발생한 것 같으니 15달러의 채무는 없는 것으로 하겠다고 제안하고 함께 점심을 먹자고 권했다. 회사를 골탕 먹이기 위해 찾아온 고객은 사장의 예상 밖의 태도에 놀라움을 감추지 못했다.

이 고객은 집으로 돌아가 다시 청구서를 꼼꼼히 확인하고 자신의 착오라는 사실을 안 후 사과의 편지를 보냈다. 물론 15달러도 동봉했다.

이후로 그는 데드마와 거래를 끊기는커녕 더 많은 물건을 구매했다.

그는 줄리앙 F. 데드마가 죽을 때까지 22년 동안 벗이자 거래처로서 좋은 관계를 유지했다.

> 상대방이 자신에게 흥미를 갖게 만들려면 먼저 상대에게 관심을 가져야 한다.

자신의 이야기만 늘어놓는 사람은 아무리 학벌이 좋고 지식이 풍부하다고 해도 현명한 사람이라고 할 수 없다. 무엇보다 유능한 리더가 되는 데 있어 자격 미달이다.

다른 사람에게 존경을 받고 찬사를 듣는 리더가 되고 싶
다면 다음 사항을 항상 명심하라.

> ■ 상대가 이야기를 오래 하더라도 인내심을 갖고 귀를 기
>   울여라.
> ■ 자기 이야기만 늘어놓지 말라.
> ■ 상대가 이야기하는 동안 자기 의견이 생각나도 갑자기 말을
>   중단시키지 말라.
> ■ 상대가 재치 없고 시시한 얘기를 하더라도 염치없이 말을
>   꺼내지 말고 끝까지 들어라.

늘 명심하라. 성공하겠다는 너 자신의 결심이 다른
어떤 것보다 중요하다는 것을.

Always bear in mind that your own resolution to succeed is more
important than any one thing.

- 에이브러햄 링컨 Abraham Lincoln

# 16

## 도움에
## 인색하지 말라

유능한 리더는 남을 돕는 일에 주저하지 않는다. 조금만
신경을 쓰면 도울 수 있는 일을 귀찮아하거나 거절하는
행위는 다른 사람을 자신의 지지자로 만들 수 없다.

인생은 한 치 앞도 내다볼 수 없다. 오늘 남부럽잖던 사람이 내일 갑자기 세상에서 가장 불행한 사람이 될 수도 있고, 오늘 보잘것없던 사람이 내일 누구도 무시할 수 없는 사람이 될 수도 있다. 따라서 삶을 살아가는 데 있어 자만해서는 안 되며 어떤 사람도 소홀히 대해서는 안 된다. 무시했던 사람에게 부탁해야 할 상황이 올지도 모른다.

사람들을 자신의 지지자로 만들고 싶다면 남을 돕는 일에 인색하지 말아야 한다. 사람은 도움을 준 사람에게 호감을 갖기 마련이다. 주변을 보면 조금만 신경을 쓰면 도울 수 있는 일을 가지고 귀찮아하거나 거절을 하는 사람이 많은데, 이러한 행위는 다른 사람을 자신의 지지자로 만드는 데 결정적인 마이너스가 된다.

데일 카네기가 뉴욕 교외의 포리스트 힐에서 살 때의 일이다.

어느 날 카네기는 길을 가다가 롱아일랜드에서 수년간 부동산중개업을 하고 있는 한 남자를 만났다. 마침 현재 살고 있는 집의 건축 재료에 대해 궁금한 점이 있던 카네기는 그에게 도움을 청했다. 그러자 그는 귀찮다는 듯이 자신도 잘 모르겠다며 협회에 전화로 문의하라고 일러주었다.

그런데 다음날 그로부터 한 통의 편지가 왔다. 카네기는 어제 질문에 대한 답변을 적어 보냈거니 생각하고 편지를 펴보았다. 그런데 그는 협회에 문의해보라는 말만 되풀이하고 카네기에게 보험에 가입해 달라고 부탁을 했다. 물론 그의 말대로 카네기가 협회에 전화해서 문의할 수도 있는 문제였다. 하지만 카네기는 그의 행동이 못마땅했다. 협회에 건축 재료에 대해 문의를 하는 데 드는 시간은 고작 1분 정도로, 조금만 신경을 쓰면 도움을 줄 수 있는 일이었다. 그런데 그는 간단한 부탁마저 거절하면서 보험에 가입해달라고 부탁을 한 것이다. 이 남자는 한마디로 자기가 다른 사람에게 도움을 주는 일에 전혀 관심이 없다는 진심을 실토한 셈이다.

카네기는 그의 부탁을 정중히 거절했다. 그러나 만약 그가 카네기에게 조금만 관심을 기울였다면 그의 부탁을 기꺼이 들어주었을 것이다. 이러한 사소한 도움이라도 줄 수 있는 마음 자세를 가진 사람은 어떤 분야에서도 뛰어난 리더가 될 수 있다.

그렇다고 손익을 따지면서 상대를 도우라는 것은 아니다. 이해타산적인 도움은 상대에게 오히려 불쾌감을 준다. 상대를 돕는 일이 곧 나를 돕는 일이라 생각하고 진심으로 도우라는 것이다. 머리 아프게 손익을 따지지 않아도 내 일처럼 다른 사람을 도우면 나중에 모두 자신에게 플러스로 돌아온다.

> 사람의 마음을 움직이게 하려면 그들에게 어떤 도움을 줄 수 있는지 고민하라. 작은 도움이 바위 같은 사람의 마음을 움직일 수도 있다.

우리에게 널리 알려진 존경받는 리더들은 자신만을 생각하지 않았다. 그들 중에는 자신의 일을 제쳐두고 남을 돕는 일에 평생을 바친 사람도 있다. 이들이 지금까지 사람들의 입에 오르내리고, 그들의 가르침이 빛을 발하는 것은 자신과 동시에 다른 사람들의 이익과 행복까지 함께 생각했기 때문이다.

# 17

# 관심사를
# 파악하라

사람의 마음을 사로잡는 지름길은 상대가 가장 관심을
가지고 있는 분야를 화제로 삼는 것이다.

처음 만난 사람의 관심을 끌 수 있는 가장 좋은 방법은 무엇일까? 상대가 관심을 가지고 있는 화제를 거론하는 것이다.

우리가 알고 있는 유명인사들은 이 방법을 활용하여 사람들을 자신의 지지자로 만들었다. 가장 대표적인 인물로 미국의 루스벨트 대통령을 들 수 있는데, 그는 사람을 만나기 전에 상대가 흥미를 가지고 있는 문제에 대해 여러모로 연구했다고 한다. 그래서 그는 어떤 직업을 가진 사람을 만나도 화제가 풍부했다.

사람들은 흔히 사교에 뛰어난 이들은 화술에 능하고 특별한 능력이 있다고 생각한다. 하지만 일반인들과 별반 차이가 없다. 단지 그들은 상대방이 무엇을 생각하고 무엇에 관심이 있는지 파악하는 데 노력을 기울인다. 인간은 본능적으로 자신이 하는 일에 가장 관심이 많기 때문이다.

일류 제빵회사의 사장인 헨리 G. 듀바노이의 일화는 사람들이 자신의 일에 관심을 가져주는 것을 얼마나 좋아하는지 여실히 보여준다.

오래전부터 뉴욕에 있는 한 호텔에 자사 제품을 납품하고자 했던 듀바노이는 4년 동안 호텔 지배인의 뒤를 좇아다니며 판로에 애를 썼다. 호텔로 지배인을 직접 찾아가는가 하면 지배인이 출석하는 모임에 항상 함께했다. 심지어손님이 되어 그 호텔에 투숙하기도 했다. 그러나 온갖 노력에도 목적을 달성할 수 없었다.

그러던 중 그는 전술을 다시 세우기로 했다. 종전의 방법으로 지배인에게 계속 부탁을 해봤자 소용이 없을 것이라는 생각이 들었기 때문이다. 그는 고민 끝에 지배인이 어떤일에 열의를 보이는지 조사하기 시작했다.

그 결과 그는 지배인이 미국호텔협회의 회원이라는 사실을 알게 되었다. 그것도 단순한 평회원이 아니라 그 협회의 회장이며 국제호텔협회의 회장도 겸하고 있었다. 지배인은 협회가 어디서 열리든 비행기를 타고 반드시 출석하는 열성파였다.

다음 날, 그는 지배인에게 협회 이야기를 꺼냈다. 생각했던 것 이상으로 그의 반응은 놀라웠다. 그는 열의에 가득 차서 30분가량 협회에 대한 이야기를 들려주었다. 협회의 일은 그에게 즐거움의 원천인 듯했다. 그러면서 지배인은 그에게 입회를 권유했다.

지배인과 이야기를 하는 동안 그는 빵에 대한 언급은 한마디도 하지 않았다. 그런데 놀랍게도 며칠 후 호텔 측으로부터 빵의 견본과 가격표를 가지고 오라는 연락을 받았다. 그리고 호텔에 자사의 제품을 납품하게 되었다. 지배인의 뒤를 4년 동안 따라다니며 갖은 애를 써도 성사시키지 못했던 일을 그의 관심사를 거론함으로써 단번에 달성시킨 것이다.

이외에도 상대방의 관심사를 활용해 기적을 만들어낸 예는 얼마든지 있다.

에드워드 L. 차리프라는 남자는 상대가 좋아하고 관심을 가지고 있는 일에 흥미를 보임으로써 어마어마한 후원금을 받아냈다.

보이스카우트 운동에 열중하던 그는 누군가의 도움이 절실하게 필요한 난관에 부딪힌 적이 있었다. 대회 날짜는 점점 다가오는데 비용을 마련할 방법이 도무지 없었다. 그래서 어느 기업체의 사장에게 부탁하기로 마음을 먹었다. 생면부지인 사람에게 부탁한다는 것이 걱정스러웠지만 그에게는 마지막 희망이었다.

사장을 만나러 가기 전, 그는 우연히 도움이 될 만한 정보를 하나 얻게 되었다. 그것은 그 기업체의 사장이 이미 지불이 끝난 1백만 달러짜리 수표를 액자에 넣어 간직하고 있다는 얘기였다.

사장을 찾아간 그는 대뜸 액자에 넣어진 1백만 달러짜리 수표를 보여 달라고 부탁했다. 그러자 사장은 의아해하며 그 수표를 보고자 하는 이유가 무엇이냐고 물었다. 그는 기회를 놓칠세라 1백만 달러라는 큰 금액의 수표를 실제로 보았다는 이야기를 아이들에게 들려주고 싶다고 말했다 그 얘기에 사장은 기쁜 표정을 지으며 수표를 보여주었다. 그리고 그 수표에 얽힌 이야기를 자세하게 들려주었다.

사장과 대화를 하는 동안 그는 보이스카우트에 대한 이야기는 일절 언급하지 않았다. 다만 상대가 관심을 가지고 있는 일에 대해서만 얘기했다. 그 결과는 어떻게 되었을까?

사장은 자신의 이야기를 다 끝낸 후 그에게 찾아온 용건을 물었고, 그의 부탁을 즉석에서 들어주었다. 그뿐만 아니라 소년단원을 유럽에 보내주겠다고 자청했다. 그 밖에도 유럽의 지점장에게 소개장을 써주며 그들이 유럽에 머무는 동안 편의를 봐주도록 조치해 주었다. 또한 사장은 그 후로도 그가 운영하는 그룹의 후원자가 되어 여러 가지로 도움을 주었다.

> 인간은 본능적으로 자신에게 관심을 보이는 사람에게 호감을 가지게 되어 있다. 특히 자신이 열의를 가지고 있는 일에 흥미를 보이면 기대 이상으로 기뻐하고 스스럼없이 마음을 연다.

위의 사례처럼 현실 속에서 영화와 같은 놀라운 일이 일어날 수 있는 것은 인간이 그만큼 자신의 일에 관심이 많다는 증거이다.

따라서 유능한 리더가 되고 싶다면 상대방이 무엇을 좋아하는지 파악하라. 상대가 관심을 가지고 있는 분야를 언급하는 것이 수천 마디의 말을 늘어놓는 것보다 효과적이다. 상대방의 관심사를 적절하게 활용할 줄 알면 그 사람의 마음을 움직이는 데 반은 성공했다고 볼 수 있다.

# 18

# 감정적으로
# 맞서지 말라

상대가 감정적으로 나올수록 침착하고 이성적으로 대처
해야 한다. 갈등을 해소하고 상대를 자신의 지지자로 만들
려면 인내심을 가지고 상대의 이야기를 경청해야 한다.
감정적으로 맞서면 상황을 더욱 악화시킬 뿐이다.

아무리 사교에 뛰어난 사람이라도 다루기 힘든 부류가 있다. 작은 일에도 쉽게 흥분하고 화를 내는 사람들이다. 이들은 사소한 일에도 예민하게 반응하기 때문에 어떻게 대처해야 할지 난감할 때가 많다.

어떤 분야에서 리더가 된다는 것은 다양한 성격의 사람과 조화를 이뤄야 한다는 의미이다.

유능한 리더가 되려면 성격이 까다롭거나 자신과 맞지 않는다고 상대를 외면하거나 무시해서는 안 된다.

자신과 성격이 맞지 않는 사람까지 품을 수 있어야 진정한 리더라 할 수 있다. 성질이 급하거나 흥분을 잘하는 사람을 대할 때는 감정적으로 대처해서는 안 된다. 설사 상대가 부당한 요구를 하고 이치에 맞지 않는 말을 해도 감정적으로 맞서서는 안 된다.

감정이 상할 대로 상한 사람들은 감정적으로 대치하는 경우가 많고, 그러다 보면 언성을 높이게 되고 서로의 갈등을 증폭시키게 된다. 평소에는 웃고 넘어갈 수 있는 단순한 일도 흥분을 하면 이해할 수 없는 엉뚱한 문제로 비화하게 되는 것이다.

이런 부류의 사람들을 대할 때는 인내심을 가지고 침착하게 대처해야 한다. 상대방이 화를 돋운다고 하여 같이 흥분하게 되면 상황을 더욱 악화시킬 뿐이다. 따라서 화가 나더라도 끈기를 가지고 상대방의 이야기를 끝까지 경청한 후 이성적으로 해결 방법을 강구해야 한다.

> 갈등을 해소하고 상대를 자신의 지지자로 만들려면 인내심을 가지고 상대의 이야기를 경청하고, 그 속에서 해결의 돌파구를 찾아야 한다.

감정적으로 맞서면 상황을 더욱 악화시킬 뿐 문제 해결에 전혀 도움이 되지 않는다. 상대가 감정적으로 나올수록 침착하고 이성적으로 대처해야 한다. 그러면 어떤 까다로운 사람도 자유자재로 다룰 수 있는 리더가 될 수 있다.

다른 사람들이 할 수 있거나 할 일을 하지 말고, 다른 이들이 할 수 없고 하지 않을 일들을 하라.

Never do things others can do and will do if there are things others cannot do or will not do.

- 아멜리아 에어하트 Amelia Earhart

# 19

## 진실한
## 마음으로
## 대하라

남의 관심을 끌기 위해 속이 드러나 보이는 노력을
하기보다 상대에게 순수하게 다가서는 것이 훨씬
많은 지지자를 얻을 수 있다.

다른 동물과 달리 개는 사람에게 실질적인 도움이 되지 않는다. 닭은 계란을 낳고 소는 우유를 제공하고 카나리아는 노래를 부르지만 개는 오직 사람들에게 애정을 바칠 뿐이다. 한마디로 개는 무위도식하는 동물이다. 그런데도 사람들은 어느 동물보다 개를 아끼고 사랑한다. 그 이유는 무엇일까?

개는 어떤 계산도 하지 않고 순수하게 애정을 바치기 때문이다. 주인이 접근하면 꼬리를 흔들고, 어루만져주면 좋아서 어쩔 줄을 몰라 한다. 속셈을 가지고 애정을 표현하지 않는다.

개의 애정법은 자신의 지지자를 얻는 데 큰 지침이 된다. 개는 상대의 관심을 끌려고 하기보다는 상대에게 순수한 관심을 보인다. 이러한 행위는 상대방의 마음을 움직이는 데 결정적인 역할을 한다. 남의 관심을 끌기 위해 속이 빤히 보이는 노력을 하기보다 상대에게 순수하게 다가서는 것이 훨씬 많은 지지자를 얻을 수 있다.

미국의 루스벨트 대통령은 그 대표적인 인물이라 할 수 있다.

루스벨트 대통령은 집안일을 하는 고용인까지 존경하고 따를 만큼 절대적인 인기의 소유자였다.

요리사였던 제임스가 집필한 ≪요리사의 입장에서 본 시어도어 루스벨트≫라는 책을 보면 그 인기 비결이 상세하게 나와 있다.

어느 날 제임스의 아내는 대통령에게 딱따구리가 어떻게 생긴 새냐고 물어본 적이 있었다. 그때까지 그의 아내는 딱따구리를 본 적이 없었다.

대통령은 그의 아내에게 딱따구리에 대해 자세하게 가르쳐주었다.

그리고 얼마 후, 관저에 있는 제임스의 집에 전화가 걸려 왔다. 전화를 한 사람은 루스벨트 대통령이었다. 아내가 전화를 받자 루스벨트는 그녀에게 집 창밖에 딱따구리 한 마리 와 있으니 내다보라고 일러주었다.

그의 아내가 딱따구리를 볼 수 있게끔 대통령이 일부러

전화한 것이었다.

지위 고하를 막론하고 모든 사람을 진실한 마음으로 대했던 루스벨트의 일화는 수없이 많다.

한번은 루스벨트가 태프트 대통령 부처가 부재중일 때 백악관을 방문한 적이 있었다. 그런데 그는 그가 재임할 때부터 일하던 고용인들의 이름을 한 사람도 빠짐없이 기억하고 있었다. 그리고 그들의 이름을 친근하게 불러주고 한 사람씩 돌아가며 안부를 물었다. 루스벨트를 보필했던 고용인들은 한결같이 그와 함께했던 때의 즐거움은 돈으로 바꿀 수 없는 것이라고 했다.

인간을 진심으로 대하는 루스벨트를 누가 좋아하지 않을 수 있겠는가.

내가 먼저 진심에서 우러나오는 관심을 보이면 상대도 반드시 호의를 보이게 되어 있다. 반면 상대에게 무엇인가를 바라거나 손익을 따지고 대하면 상대 또한 나에게 진심으로 대하지 않는다. 다시 말해 진심으로 대하지 않으면 상대의 마음을 움직일 수 없다.

카네기는 해마다 달력에 친구들의 생일을 기록했다. 그리고 생일이 다가오면 그 친구에게 축전과 축하 편지를 보냈다. 많은 비용이 들지 않았지만, 친구들은 어떤 비싼 선

물보다 기쁨과 감동을 받았다. 진심으로 친구들을 아끼고
사랑하는 카네기의 마음이 그들에게 전달된 것이다.

> 많은 사람을 자신의 지지자로 만들려면 성의 있고 진실한 태
> 도로 대하라. 감언이설은 상대방에게 잠시 호감을 줄 수 있지
> 만 금방 들통이 나고 만다.

반면, 진실한 마음은 영원히 빛이 바래지 않고 상대에게
깊은 인상을 남긴다. 링컨이나 루스벨트 등의 리더들이 지
금까지 수많은 사람의 존경과 사랑을 받는 것은 진심으로
사람을 대했기 때문이다.

이 세상에 위대한 사람은 없다. 단지 평범한 사람들이
일어나 맞서는 위대한 도전이 있을 뿐이다.

There are no great people in this world, only great challenges which
ordinary people rise to meet.

- 윌리엄 프레데릭 홀시 William Frederick Halsey

# 20
## 사소한
## 정보란
## 없다

누군가를 내 편으로 만들려면 상대에 대한 정보가 아무리 사소하더라도 소홀히 여겨서는 안 된다. 작은 정보 하나가 관계를 호전시키고 자신의 지지자로 만드는 데 결정적인 역할을 한다.

남자들은 흔히 여자들이 값비싸거나 큰 선물에 감동을 받는다고 생각하는데 실제로는 사소하고 작은 것에 큰 기쁨을 느낀다. 여자들은 작은 부분까지 신경 쓰는 남자들을 보고 그만큼 자신에 대한 애정도가 높다고 생각한다. 그런데 이것은 비단 이성관계에만 국한되지 않는다. 모든 인간관계에 적용된다.

　개중에는 상대에 대한 소소한 정보가 얼마나 효과적이겠냐고 의문을 품는 사람도 있을 것이다. 그러나 앞에서도 여러 번 언급했듯이 인간관계라는 것은 아주 작은 것 하나에도 상황이 호전되기도 하고 악화하기도 한다.

　뉴욕의 한 은행에 근무하던 찰스 월터스라는 남자의 일화는 소소한 정보가 얼마나 상대방의 마음을 움직이는 데 효과적인지를 잘 보여준다.

어느 날 월터스는 한 회사에 대한 기밀을 조사하라는 명령을 받았다. 그는 문제 회사의 정보를 입수할 수 있는 방법을 궁리하던 중 그 회사에 대해 잘 알고 있는 유력 인물을 파악했다.

그는 한 공업회사의 사장으로 월터스는 일말의 가능성을 가지고 그의 회사를 찾아갔다. 그런데 사장을 기다리던 중 여비서가 사장실 문을 열고 나오면서 하는 이야기를 우연히 듣게 되었다. 그것은 사장의 아들이 찾는 우표를 구할 수 없다는 내용이었다.

월터스는 사장실로 들어가 자신이 찾아온 용건을 말하고 여러 가지 질문을 했다. 그러나 사장은 다른 이야기만 늘어놓을 뿐 대답을 회피하려고 했다. 월터스는 그로부터 정보를 얻어내기가 쉽지 않으리라고 판단했다. 결국 그날의 방문은 별 소득 없이 끝나고 말았다.

그날 밤 문득 여비서가 사장에게 했던 말이 생각났다. 여비서의 말을 추측하건대 사장의 아들이 우표 수집을 하는 것이 분명했다.

월터스는 외국 우표를 구할 수 있는 곳을 찾아보았다. 그 결과 자신이 근무하고 있는 은행에서 외국 우표를 모으고 있다는 사실을 알게 되었다.

다음 날 월터스는 다시 사장을 찾아갔다. 그러고는 그의 아들을 위해 우표를 가져왔다고 말했다. 사장은 전과 달리 크게 기뻐하며 그를 맞았고, 우표를 보고 연신 감탄을 했다. 그는 완전히 우표에 정신이 팔리고 말았다.

월터스는 사장과 30분가량 우표에 대한 이야기를 나누었다. 분위기는 더없이 화기애애했고 사장은 월터스에게 큰 호감을 보였다.

그리고 월터스가 먼저 말을 꺼내기도 전에 문제 회사에 대해 알고 있는 정보를 모두 알려주었다. 그뿐만 아니라 부하 직원을 불러 미흡한 점까지 보충해주었다.

월터스는 사장의 아들이 우표 수집을 한다는 작은 정보를 이용하여 자신이 목표했던 것 이상의 성과를 달성한 것이다.

> 상대의 마음을 움직이고 싶다면 사소한 정보를 소홀히 하지 말라. 자신의 입장에서는 그것이 하찮고 사소해 보여도 상대방의 입장에서는 가장 중요한 관심사일 수 있다.

어떤 사람을 내 편으로 만들기 위해서는 아무리 사소하더라도 상대에 대한 정보를 소홀히 해서는 안 된다. 때론 작은

정보 하나가 관계를 호전시키고 자신의 지지자로 만드는 데
결정적인 역할을 할 수 있다.

　어떤 정보도 흘려듣지 않은 귀를 가진 사람이 그렇지 않
은 이보다 유능한 리더가 될 가능성이 높다.

젊은이를 존중하라. 그들의 미래가 우리의 현재와 같지
않을지 어찌 아는가?

A youth is to be regarded with respect. How do you know that his
future will not be equal to our present?

- 공자 Confucius

# 21

## 미소를
## 잃지 말라

미소는 구름에 가려졌던 태양이 빛을 발하는 것과 같이 상대방에게 큰 기쁨과 행복을 준다. 아무리 뛰어난 화술이라도 진심어린 미소만 못하다.

밑천은 없다.

그러나 이익은 막대하다.

아무리 베풀어도 줄지 않고, 베풀수록 풍부해진다.

한순간만 보아도 그 기억은 영구하다.

어떤 부자도 이것 없이는 살 수 없으며,

물질적으로 아무리 가난해도 이것으로 인하여 풍부해진다.

가정에는 행복을, 사업에는 신뢰를 준다.

우정의 신호….

피로한 사람에게는 휴식이 되고.

실의에 빠진 사람에게는 광명이 되며,

슬퍼하는 사람에게는 태양이 되고,

괴로워하는 사람에게는 해독제가 된다.

돈을 주고 살 수도, 강요할 수도, 빌릴 수도, 훔칠 수도 없다.

무상으로 주어야 비로소 가치가 있다.


이 글은 한 회사의 광고 문안이며, 제목은 '크리스마스의 미소'다. 모든 사람에게 기쁨이 되고 희망이 되는 이것은 바로 '미소'를 가리킨다.

미소는 어떤 미사여구보다 사람의 마음을 움직이는 데 엄청난 위력을 가지고 있다. '웃는 얼굴에 침 못 뱉는다.'라는 속담이 있듯 미소는 상대의 마음을 사로잡는 데 큰 효과를 발휘한다. 따라서 많은 사람을 자신의 지지자로 만들고자 한다면 미소를 잃지 말아야 한다.

많은 사람이 상대의 호감을 얻기 위해 쓸데없는 시간과 노력을 쏟아붓는다.

막대한 유산을 상속받은 미망인으로, 모든 사람에게 좋은 인상을 심어주고 싶어 하는 여성이 있었다. 그래서 한 만찬장에 온몸을 값비싼 옷과 장신구로 치장하고 참석했다. 그녀의 몸은 호화로운 흑표범 모피와 다이아몬드, 진주 등으로 번쩍거렸다. 그러나 얼굴에 드러난 본심은 감출 수가 없었다. 그녀의 얼굴에는 심술과 자만심이 뚜렷하게 나타나 있었다. 몸에 걸친 의상보다 얼굴에 드러나는 표정이 이성에게 얼마나 중요한지 그녀는 알지 못했던 것이다.

어느 유명인은 자기의 미소는 1백만 달러의 가치가 있다고 말한 적이 있다. 하지만 그를 직접 본 사람이라면 그의 말이 지나치게 겸손하다는 것을 알 수 있었다. 온갖 고통을 극복하고 성공을 이룩한 그의 얼굴에는 고생의 흔적은 없고 인품과 남에게 호감을 주는 매력적인 미소가 자리하고 있었다. 그의 미소는 성공을 이루는 데 가장 큰 역할을 할 만큼 1백만 달러보다 큰 가치가 있었다.

동작은 말 이상의 설득력을 가진다. 미소 역시 마찬가지이다.

미소는 '나는 당신에게 호감을 느끼고 있습니다.' '당신 덕분에 얼마나 즐거운지 모르겠어요.' '당신을 만나 뵙게 되어 기뻐요.' 등의 의미를 내포하고 있다.

동물 중에서 개가 사람들에게 가장 귀여움을 받는 이유도 여기에 있다. 개는 주인을 보면 기뻐서 어쩔 줄을 모른다. 굳이 말을 하지 않아도 개의 표정에서 주인은 진실을 알 수 있는 것이다.

뉴욕의 한 백화점 관계자는 이렇게 말했다.

"직원으로 적합한 인물은 진지한 얼굴을 한 대학원 출신의 여성보다 학력은 낮아도 사랑스러운 미소를 지닌 여성이 낫다."

유창한 언변보다 미소 지은 표정이 사람의 마음을 움직이는 데 얼마나 결정적인 역할을 하는지 보여주는 예라고 할 수 있다.

미소의 효과는 직접 체험하지 않고서는 절실히 느끼지 못한다. 다음은 뉴욕 주식시장에 활약하던 한 중개인의 경험담이다.

그는 결혼한 지 18년이 넘었지만, 출근할 때 아내에게 미소를 짓는다거나 다정스러운 말을 건넨 적이 한 번도 없는 무뚝뚝한 성격의 소유자였다. 그런 그가 어느 강연회에서 받은 교훈대로 웃는 생활을 실천하기로 마음먹었다. 지금까지의 삶과는 완전히 다른 것이었기에 그건 쉽지 않은 일이었다. 하지만 그는 굳게 결심하고 실천에 옮겼다.

첫째 날 아침, 그는 식탁에 앉은 아내에게 미소를 지으며 다정하게 아침인사를 전했다. 예상했던 대로 아내는 당황한 표정을 지으며 눈을 동그랗게 떴다. 그는 아내에게 매일 아침 미소를 지을 테니 그렇게 알라고 말했다. 아내는 믿지 못하겠다는 표정을 지었지만 날이 갈수록 그 의구심은 사라졌다.

그는 집 안에서뿐만 아니라 만나는 사람 모두에게 밝은

미소로 아침인사를 했다. 그러자 얼마 후 모든 사람이 그에게 미소로 답했고, 인정미가 넘치는 사람이라는 평판을 듣게 되었다. 또한 그는 남의 험담을 하지 않았으며 자신에게 불평을 늘어놓는 사람의 말까지 귀를 기울이며 미소를 잃지 않았다. 그렇게 되자 그는 대인관계뿐만 아니라 모든 면에서 행복한 사람이 되었다.

하지만 모든 웃음이 효과적인 것은 아니다. 마음에도 없는 미소는 오히려 상대방의 화를 돋우고 적대감을 심어준다. 상대방의 마음을 움직이게 하고 기쁘게 하는 미소는 마음속에서 우러나오는 미소, 즉 참다운 미소를 말한다. 그렇다면 참다운 미소를 지으려면 어떻게 해야 할까?

> 상대방을 즐겁게 만드는 미소를 지으려면 우선 자신이 즐거워야 한다. 자신은 하나도 행복하지 않은데 다른 사람을 행복하게 만드는 미소를 보낸다는 것은 어불성설이다.

미소는 이처럼 상대방에게 큰 기쁨과 행복을 준다. 그러므로 상대방을 당신의 지지자로 만들고 싶다면 미소를 잃지 말라.

**22**

# 미소를
# 짓고 싶다면
# 즐겁게
# 행동하라

상대의 마음을 움직이고 싶은데 미소가 나오지 않는
다면 즐거운 척 행동하라. 행동은 감정을 조절하고 자연
스러운 웃음을 유발한다.

앞에서 언급했듯이 미소는 상대방의 마음을 움직이는 데 큰 역할을 한다. 유능한 리더가 되려면 진심어린 미소를 지을 수 있는 인품을 지녀야 한다. 하지만 사람이 항상 미소를 지을 수만은 없다.

인간은 감정의 동물이라 하루에도 여러 번 감정이 변하며, 그 감정을 속이기가 힘들다. 그래서 미소가 상대방을 자신의 지지자로 만드는 데 효과적이라 해도 모든 상황에서 미소를 짓기란 여간 만만치 않다. 그렇다면 웃고 싶지 않을 때는 어떻게 해야 할까?

첫째는 무리해서라도 웃어 보이는 것이고, 둘째는 혼자 있을 때 휘파람을 불거나 콧노래를 부르면서 늘 행복하고 유쾌한 기분을 유지하는 것이다. 그런데 무리해서 웃는 것은 마음에서 우러나오는 진심어린 미소라 할 수 없기에 둘째 방법이 효과적이라고 할 수 있다.

하버드대학의 교수였던 윌리엄 제임스는 "행동은 감정에 따른다고 생각되지만 실제로는 행동과 감정은 병행한다." 라고 했다. 행동은 의지력을 통해 직접 통제할 수 있지만, 감정은 그렇지 못하다. 그런데 감정은 행동을 조정함으로써 간접적으로 통제할 수 있다. 따라서 즐거운 감정이 아닐 때 기분을 전환시키려면 쾌활한 듯 행동하면 된다. 왕년에 미국 세인트루이스 카디널스의 3루수였던 프랭클린 베드가의 일화는 이를 잘 보여주는 예라 할 수 있다.

부상으로 야구 생활을 접고 그는 한 보험회사의 세일즈맨으로 입사를 했다. 야구밖에 모르던 그에게 세일즈맨 생활은 적응하기 힘든 것이었다. 회사 생활에 적응하지 못하니 실적은 당연히 좋지 않았고, 항상 그의 얼굴에는 우울함이 깃들어 있었다. 그런데 어느 날 우연한 계기로 미소를 잃지 않는 사람이 어떤 자리에서도 환영을 받는다는 진리를 깨달았다.

그 이후 그는 항상 미소를 잃지 않기 위해 애를 썼다. 기분이 좋지 않을 때도 일부러 쾌활하고 명랑하게 행동함으로써 항상 즐거운 기분을 유지했다.

가령 고객의 집을 방문하기 전에는 반드시 자기가 감사

하고 즐거워해야 할 일을 생각해내고 미소 짓는 연습을 했다. 그러고는 그 기분의 여운이 사라지기 전에 고객을 만났다. 그가 야구선수에서 보험 세일즈맨으로 대성공을 할 수 있었던 것은 바로 이러한 간단한 테크닉 덕분이었다.

> 기분이 좋을 때 미소를 짓는 것은 누구나 쉽게 할 수 있는 일이다. 반면 기분이 나쁠 때 웃는 얼굴을 하는 것은 마음의 수양이 필요한 일이다.

유능한 리더가 되려면 기분이 침울할 때도 미소를 지을 수 있는 여유를 가져야 한다. 감정에 따라 순간순간 표정이 변하는 사람을 누가 신뢰하고 따를 수 있겠는가.

# 23

# 이름을
# 기억하라

이름이란 본인에게 가장 소중하고 막대한 영향력을
지닌다. 따라서 상대의 이름을 기억하는 것이 입에 발린
아첨을 하는 것보다 몇 배의 효과를 낼 수 있다.

인간은 자신의 이름에 남다른 애착을 가지고 있으며, 후세에 남기고 싶어 한다.

한때 선풍적인 인기를 끌었던 미국 서커스의 창시자인 P. T. 번햄은 자신의 이름을 이어받을 자식이 없음을 걱정한 끝에 손자 C. H. 시레에게 번햄이라는 자신의 이름을 쓰면 2만 5천 달러를 주겠다고 제의했다.

많은 독자들은 '이 책을 누구에게 바친다'라는 식으로 저자가 자기 이름을 책에 써주는 것을 좋아한다. 도서관이나 박물관의 값비싼 소장품 중에는 기증자의 이름이 적혀 있는 경우가 많고, 교회에도 기증자의 이름을 표기한 스테인드글라스 유리창이 많다.

사람들은 대개 남의 이름을 잘 기억하지 않는다. 그 이유는 여러 가지지만 바빠서 기억할 여유가 없다는 게 가장 크다. 하지만 다른 사람을 자신의 편으로 만들고 싶다면 이름을 외울 시간을 만들어야 한다. 이름은 단지 몇 단어에 불과하지만, 상대로부터 자신의 이름이 불렸을 때의 시너지 효과는 어마어마하다.

인간이 자신의 이름에 대한 남다른 애착을 가지고 있다는 것을 일찍 깨달아 성공을 이룬 가장 대표적인 인물이 바로 강철 왕 앤드류 카네기이다.

카네기는 강철 왕으로 불리지만 정작 자신은 제강에 대해 거의 아는 바가 없었다. 그럼에도 그가 제강 사업에서 기적적인 성공을 이룬 것은 강철에 대해 잘 알고 있는 유능한 사람들을 거느렸기 때문이다.

그는 제강에 대해 잘 알지는 못했으나 사람을 다루는 천부적인 재능을 가지고 있었고, 이것이 그를 강철의 제왕으로 만든 것이다.

그는 어릴 때부터 사람을 조직하고 통솔하는 재능이 있었다. 열 살 때 이미 사람은 누구나 자신의 이름에 지대한 관심을 보인다는 사실을 알고, 그것을 이용하여 다른 사람의 협력을 구한 적이 있다. 그가 이름의 효과를 깨닫게 된 것은 아주 우연한 사건에서 비롯된다.

어느 날 카네기는 토끼 한 마리를 잡았다. 그런데 그 토끼는 임신 중이었고, 얼마 지나지 않아 많은 새끼 토끼가 태어났다. 토끼 수가 늘어나니 자연히 먹이가 부족하게 되었다.

그때 그는 기발한 생각을 떠올렸다. 그는 동네 아이들에게 토끼풀을 많이 뜯어온 아이의 이름을 토끼에게 붙여 주겠다고 약속했다. 예상대로 아이들은 다른 사람보다 토끼풀을 더 많이 뜯기 위해 최선을 다했다.

카네기는 이러한 인간의 심리를 사업에 응용하여 성공을 이루게 된다. 예를 들면 그는 펜실베니아 철도회사에 레일을 팔고 싶었다. 당시 철도회사의 사장은 애드거 톰슨으로, 카네기는 피츠버그에 거대한 제철공장을 세운 다음 그 공장의 이름을 '에드거톰슨제철소'라고 지었다. 그 후 펜실베니아 철도회사가 카네기에게 레일을 구입했음은 두말할 나위도 없다.

또 그는 조지 풀맨이라는 한 사업자와 유니언 퍼시픽 철도회사에 납품할 침대차의 매각을 놓고 불꽃 튀는 경쟁을 벌인 적이 있었다. 두 회사는 계약을 따내기 위해 가격 경쟁을 벌일 수밖에 없었고, 결국 제 살 깎아 먹기식 경쟁으로 치달았다.

이를 두고 볼 수 없었던 카네기는 묘안을 짜냈다.

어느 날 밤, 호텔에서 마주친 풀맨에게 카네기는 지금 경쟁은 두 회사에 전혀 이득이 없으니 반목하기보다는 두 회사가 합병하여 제휴하는 것이 좋지 않겠냐고 설득을 했다. 풀맨은 주의 깊게 듣기는 했지만 반신반의하는 표정이 역력했다. 한참 고민을 하던 풀맨은 새 회사의 명칭은 어떻게 할 것이냐고 물었다. 그러자 카네기는 즉각 '풀맨파레스차량회사'라고 대답했다. 카네기의 말을 듣고 못마땅한 기색이 역력했던 풀맨은 금세 얼굴에 화색이 돌았다. 마침내 이들은 협상 끝에 합병에 동의했고 유니언 퍼시픽 계약 건을 성공적으로 체결했다.

정치가들에게 있어 유권자의 이름을 외우는 것은 큰 정치적 수완이다. 이름을 잊어버리는 것은 곧 자신이 잊혀지는 것을 의미하기 때문이다.

남의 이름을 외우는 것은 정치뿐만 아니라 사업, 사교에도 매우 중요하다. 따라서 다른 사람의 이름을 외우는 데 게으름을 피워서는 안 된다.

그런데 많은 사람의 이름을 외우기란 말처럼 쉽지 않다. 사람들은 대개 초면인 사람과 2~3분 동안 대화를 나눈 뒤 헤어질 때 이미 상대의 이름을 기억하지 못한다. 사람의 이름을 잘 외우기 위해서는 특별한 방법이 필요하다.

- 상대의 이름을 정확하게 알아듣지 못했을 경우는 한 번 더 말해달라고 부탁한다.
- 상대의 이름이 복잡할 때는 글씨로 써달라고 부탁을 한다.
- 이야기하는 동안 반복해서 상대의 이름을 부른다.
- 상대의 표정이나 모습 등과 함께 이름을 기억하도록 노력한다.
- 가족관계, 직업, 고향 등 상대에 대한 정보를 듣고 그것과 이름을 연관시켜 기억한다.
- 메모지에 상대의 이름을 적고 그것을 정확하게 외운다.

이 방법은 많은 시간이 걸리기는 하지만 상대의 이름을 오랫동안 기억하는 데 매우 효과적이다.

이름이란 본인에게 가장 소중하고 막대한 영향력을 지니기 때문에 상대의 이름을 기억하는 것이 때론 입에 발린 아첨을 하는 것보다 몇 배의 효과를 낼 수 있다. 반면 상대의 이름을 잊어버리거나 잘못 말하면 기분을 상하게 만든다. 그러므로 상대의 이름을 정확하게 기억하는 것에 집중하라. 하찮은 일처럼 느껴질지 모르나 그것이 사람들의 마음을 움직이는 데 큰 역할을 한다.

# 24
## 상대의
## 홍보대사가
## 돼라

상대에게 좋은 인상을 심어주고 싶다면 상대의 장점을
홍보하는 데 주저하지 말라. 다른 사람의 장점을 홍보하는
것은 곧 자신을 홍보하는 것이다.

여러 차례 언급했듯이 상대방의 존재 가치를 높이는 능력은 유능한 리더가 되기 위해 갖추어야 할 필수 요소이다.

아무리 머리가 좋고 재능이 뛰어난 사람이라도 상대를 하찮게 여기는 사람은 존경받는 리더가 될 수 없다.

우리에게 널리 알려진 정치가나 사업가 등은 자신의 능력이 뛰어나서 성공을 이루었다기보다는 옆에서 그들을 물심양면으로 도와주었던 유능한 인재들이 있었기에 가능한 것이었다.

상대방의 자존심을 세워주는 데 가장 효과적인 방법은 작은 재능이라도 부각시켜서 다른 사람에게 알리는 것이다. 물론 꺼리는 사람도 있지만 대부분 자신의 재능이나 능력이 다른 사람에게 알려지는 것을 싫어하지 않는다. 그 이유는 인간은 본능적으로 자신의 우월성을 다른 사람에게 드러내고 싶은 욕구를 가지고 있기 때문이다. 따라서 이 심리를 잘 이용한다면 많은 사람을 자신의 지지자로 만들 수 있을 것이다.

루스벨트는 상대의 홍보대사 역을 훌륭히 해냄으로써 존경받는 리더가 된 대표적인 사례라고 할 수 있다.

크라이슬러자동차회사에서 루스벨트를 위하여 특별한 승용차를 제작한 일이 있었다. 그때 새로운 자동차에 관해 설명해주기 위해 W. F. 첸바레라는 기술자가 함께 탑승했는데 그는 루스벨트에게 특수 장치와 자동차 조종법에 대해 가르쳐주었다.

그 이후에도 여러 차례 그는 관저로 찾아가 상세하게 자동차에 관해서 설명해주었다. 그때마다 루스벨트는 기쁜 표정으로 그를 맞이해주었고, 흥미진진하게 그의 설명에 귀를 기울였다. 그 차는 최신형으로 사람들이 항상 주위에 몰려들었다. 그럴 때면 대통령은 자동차에 정신이 팔려 있는 사람들에게 첸바레에 대한 칭찬을 아끼지 않았다.

루스벨트는 첸바레가 얼마나 대단한 사람인지 끊임없이 언급했다.

그리고 그의 임무가 끝난 후 얼마 지나지 않아 그에게 직접 사인한 사진과 감사장을 선물했다. 첸바레는 대통령으로서의 루스벨트가 아니라 한 인간으로서의 루스벨트를 진심으로 존경하고 따르게 되었다.

> 사람들은 대개 다른 사람의 장점을 홍보하면 자신의 존재 가치가 떨어진다고 생각하는데 그렇지 않다. 오히려 사람들은 넓은 마음을 가지고 있는 사람으로 인식하고 더 존경하고 따른다.

즉, 다른 사람의 장점을 홍보하는 것은 곧 자신을 홍보하는 것이다. 하지만 진심에서 우러나오는 것이어야 한다. 사람들을 내 편으로 만들고자 하는 목적만을 위해서 거짓으로 행동하면 반드시 들통이 나고 만다. 아무리 감추려고 해도 진심은 드러나는 법이다.

상대에게 좋은 인상을 심어주고 싶다면 상대의 장점을 홍보하는 데 주저하지 말라. 사심 없이 상대의 장점을 부각시킬수록 자신의 장점도 또렷하게 부각된다.

# 25
# 상대의 매력을
# 맘껏
# 표현하라

상대의 마음을 움직이고 싶다면 상대방의 매력을 칭찬
하라. 자신을 매력의 대상으로 보아주는 사람에게는
쉽게 마음의 문을 여는 법이다.

칭찬은 모든 사람의 마음을 기쁘게 하는 법이다.

특히 자신을 매력의 대상으로 보아주는 사람에게는 쉽게 마음의 문을 열게 되어 있다.

여러 면에서 보잘것없는 남자가 여자들에게 인기가 많은 경우를 살펴보면 대개 상대가 얼마나 매력적인 존재인지 칭찬을 아끼지 않는 사람들이다.

비단 이러한 현상은 여성에게만 해당되지 않는다. 무심할 것 같은 남성도 자신을 매력적이라고 칭찬하는 이에게 호감을 느낀다.

어느 우체국에서 있었던 일이다.

한 남자가 우체국에서 등기우편을 보내기 위해 차례를 기다리고 있었다. 우체국에 근무하는 담당 직원은 우편물의 무게를 달고, 우표와 거스름돈을 주고받고, 수령증을 발

부하는 일 등을 하느라 잔뜩 짜증이 난 얼굴을 하고 있었다.

그때 남자는 문득 그 직원이 자기에게 호의를 갖도록 만들어보고 싶다는 생각이 들었다. 그러나 그것은 결코 쉬운 일이 아니었다. 남자와 그 직원은 초면인 데다가 갑자기 그의 장점을 찾아내기란 힘든 일이었다.

그러던 중 남자의 차례가 되었고 그 직원이 우편물의 무게를 달고 있는 동안 진심어린 말투로 머릿결에 대해 칭찬을 했다. 그러자 그 직원은 놀란 표정으로 남자를 쳐다보더니 이내 미소를 지으며 겸손하게 예전보다 머릿결이 곱지 못하다고 말했다. 그래서 남자는 그에게 전에는 어땠는지 잘 모르지만 지금도 머릿결이 아름답다고 칭찬을 했다.

일을 처리하는 동안 남자와 직원은 유쾌한 대화를 나누었고, 나중에는 매우 흐뭇한 표정으로 감사하다는 말을 전했다.

인간은 누구나 상대방으로부터 인정을 받고 싶다는 욕구를 가지고 있다. 이 법칙을 잘 지키기만 해도 수없이 많은 사람을 내 지지자로 만들 수 있고, 항상 행복감을 맛볼 수 있다. 반면, 이 법칙을 깨뜨리면 많은 사람은 적이 될 것이며 불행의 늪에서 빠져나오지 못하게 된다.

상대방으로부터 인정받고자 하는 욕구를 인간과 동물을 구분하는 잣대라 할 수 있다.

인류의 문명도 이 욕망에 의해 발전해왔다고 해도 과언이 아니다. 따라서 상대의 마음을 움직이고 싶다면 상대방의 매력을 칭찬하라. 그것이 눈에 보이는 외적인 모습이든 눈에 보이지 않는 내적인 모습이든 누군가로부터 인정받고 있다는 사실은 상대에게 활기를 주며 나에게 호감을 갖게 만든다.

# 26

## 온화하게
## 말하라

말은 인간관계에 있어 매우 중요하다. 말 한마디에 상대방을
자신의 편으로 혹은 자신의 적으로 돌릴 수 있다.

'짧은 세 치의 혀가 사람을 살릴 수도 있고 죽일 수
도 있다.'라는 말이 있다. 그만큼 말은 인간관계에 있어
매우 중요하다. 말 한마디에 상대방을 자신의 편으로 혹은
자신의 적으로 만들 수 있다.

다른 사람들을 자신의 지지자로 만들려면 상대방의 기분
을 상하지 않게 온화한 말을 사용해야 한다. 공격적이고 거
친 말투나 상대를 비하하는 발언은 다른 사람의 기분을 상
하게 할 뿐만 아니라 자존심을 상하게 한다.

이러한 경우는 수없이 많다.

한 남자가 커피숍에 갔을 때 벌어진 일이다. 식사 시간이
겹쳐 그곳은 사람들로 북적거렸다. 직원들은 손님의 주문을
받고 서빙을 하느라 정신이 없었다. 그러던 중 불미스러운 일
이 벌어지고 말았다.

한 직원이 주문 사항을 잘못 기입하여 남자에게로 와야 할 아메리카노 커피가 다른 손님에게 가고, 그 손님에게 가야 할 카페라떼가 남자에게 온 것이다. 손님은 대뜸 직원에게 "이게 뭐야? 귀를 장식으로 달고 다니나!"라며 거칠게 화를 냈다.

직원은 무안한 표정으로 머리를 조아리며 사과를 했다. 그런데도 그는 한참을 직원에게 화풀이했다. 직원은 불쾌한 표정이 역력했다.

남자 역시 주문한 것이 잘못 나왔기 때문에 그 직원을 불렀다. 이미 손님에게 호되게 당한 직원은 굳은 표정을 하고 있었다. 그래서 남자는 직원의 마음을 상하지 않게 하면서 어떻게 자기 요구를 부탁할 것인가 고민했다.

남자는 직원에게 "수고를 끼쳐서 미안하지만, 라떼보다는 아메리카노를 마시고 싶군요."라고 부드럽게 말을 건넸다. 그러자 직원은 죄송하다는 말과 함께 미소를 지으며 요구를 받아주었다. 너무나 단순한 방법이지만 직원의 침울했던 표정이 금세 밝아진 것은 물론이다.

직원이 다른 손님에게는 얼굴을 찡그리며 서빙을 하고 남자에게는 미소를 띠며 했던 것은 왜일까?

그것은 그 손님은 거친 어투로 직원의 감정을 상하게 했고 남자는 상대를 편하게 하는 온화한 말투를 사용했기 때문이다.

> 결혼하면 대부분의 남성은 아내에게 함부로 말을 하는 경향이 있다. 허물없는 관계이기 때문이라고는 하지만 무심코 던진 말 한마디가 관계를 소원하게 할 수 있는 법이다.

부부관계뿐만 아니라 모든 인간관계에 이 규칙은 적용된다. 어느 누구도 자신에게 상스럽고 거친 말을 하는 사람을 좋아하지 않는다. 따르기는커녕 비난하고 멀리할 뿐이다.

# 27

## 공통된
## 화제를
## 찾아라

두 사람 사이에 공감대가 형성되지 않으면 대화는 이뤄질 수 없다. 어떤 상대를 만나든 몇 시간이고 대화를 나눌 수 있는 화제를 찾는 능력이 있어야 유능한 리더가 될 수 있다.

다른 사람과 첫 대면을 했을 때 가장 괴로운 상황은 상대와 마땅히 나눌 대화거리가 없어 어색한 침묵이 흐르는 상태이다.

유능한 리더가 되려면 어떤 사람을 만나든 몇 시간이고 지루하지 않게 대화를 나눌 수 있는 화제를 찾는 능력이 있어야 한다. 그러기 위해서는 상대가 관심을 가질 만한 화제를 찾아야 한다.

그렇다면 처음 만나는 사람과 공유할 수 있는 화제를 찾기 위해서는 어떻게 해야 할까?

상대방이나 주변을 주의 깊게 살펴보고 그가 애착을 갖는 것을 찾아야 한다. 단, 자기 스스로도 가장 자신 있게 이야기를 할 수 있는 화제여야 한다. 상대의 마음을 움직일 수 있는 이야깃거리라도 자신이 잘 알지 못하는 화제를 택하면 낭패를 보기 십상이다.

고급 의자를 제작하여 납품하는 회사를 운영하던 제임스 애덤스의 일화는 공통된 화제를 찾는 좋은 본보기라 할 수 있다.

투명 필름을 발명하여 거부가 된 조지 이스트만은 로체스터에 '이스트만음악학교'와 그의 어머니를 기념하는 극장을 건축하고 있었다. 당시 제임스는 이스트만이 건축하는 이 새로운 건물에 필요한 의자를 납품하고 싶었다. 그래서 건축가를 통해 이스트만과 만나기로 약속을 했다.

약속 당일, 제임스가 이스트만을 만나기 직전에 미팅 자리를 주선한 건축가는 한 가지 주의할 것을 알려주었다. 이스트만은 매우 바쁜 사람으로 시간을 낭비하는 걸 싫어하니 5분 이내에 그의 관심을 끌어야 한다는 것이었다. 만일 5분 이상 그의 주의를 끌지 못한다면 결과는 불 보듯 뻔하다고 했다.

제임스는 건축가의 충고를 깊이 새기고 이스트만의 방으로 들어갔다. 그때 이스트만은 제임스가 들어왔다는 사실도 모를 만큼 책상 위에 산더미처럼 쌓인 서류를 처리하느라 정신이 없었다.

잠시 후, 이스트만은 하던 일을 멈추고 제임스 쪽으로 걸어오며 용건을 물었다. 제임스는 자기를 소개한 후 뜬금없이 방의 실내장식에 대해 칭찬을 했다. 그러자 이스트만은 밝은 표정을 지으며 맞장구를 쳤다.

제임스는 벽에 걸린 판자를 쓰다듬으며 '영국산 떡갈나무'에 대해 이야기를 했다. 이스트만은 판자의 재료를 알아맞힌 제임스의 이야기에 더욱 관심을 보이기 시작했다. 그리고 자신의 사업에 대해 이것저것 이야기를 해주었고, 자신이 아끼는 소장품도 보여주었다. 게다가 가난했던 시절에 대해서도 이야기를 해주었다.

두 시간이 지나도록 제임스는 이스트만의 방에 머무르며 그와 이야기를 나누었다. 결국 제임스는 어려운 부탁의 말을 꺼내지도 않고 의자 납품 계약을 성사시킬 수 있었다.

> 두 사람 사이에 공감대가 형성되지 않으면 대화는 이뤄질 수 없으며, 대화를 하지 않는 상황에서 상대를 자신의 지지자로 만드는 것은 불가능한 일이다. 그래서 공통된 이야깃거리를 발견하는 눈은 유능한 리더가 되기 위해 반드시 갖춰야 할 능력이다.

그렇다고 무턱대고 겁을 먹을 필요는 없다. 누구나 그러한 능력을 충분히 가지고 있다. 단지 자신이 노력을 기울이지 않았을 뿐이다.

# 28

## 상대의
## 취미생활에
## 관심을 표하라

처음 대면한 상대를 나의 편으로 만들고 싶다면 취미에
대해 진심으로 관심을 보여라. 그러면 마음을 혹하게
하는 미사여구로 꾸며진 말을 하지 않아도 상대는 당신을
진심으로 따르게 된다.

사람은 누구나 취미를 가지고 있다. 그래서 상대의 마음을 움직이는 데 있어서 취미는 무엇보다도 중요한 수단이 된다.

사람의 얼굴이 모두 다르듯 취미는 각양각색이다. 자신이 보기에 '저게 무슨 취미야?'라고 여겨지는 것도 사람에 따라 기쁨을 주는 취미가 될 수 있다. 따라서 취미에 대해서 이야기할 때는 상대의 심기가 불편하지 않도록 주의해야 한다.

상대를 자신의 편으로 만들기 위해서 꺼낸 이야기가 오히려 부작용을 낳을 수 있다.

우리가 처음 대면하는 사람에게 의례적으로 취미를 물어보는 것은 그에게 좀 더 친숙하게 다가가기 위해서이다. 그렇기 때문에 만일 상대의 취미에 대해 진심으로 흥미를 가지고 열성을 보인다면 상대의 마음을 움직이는 데 큰 도움이 될 것이다.

조경회사에 다니는 한 직원이 있었다.

그는 사람은 누구나 자신의 취미에 대해 관심을 보이는 이에게 호감을 갖는다는 점을 이용하여 까다로운 고객을 설득시켰다.

한번은 그가 한 유명한 법률가의 정원을 맡게 되었다. 그 집 주인은 그에게 정원의 어느 부분에 어떤 꽃을 심을 것인지 지시를 내렸다.

그때 그는 무심코 마당에 있는 개에 대해 칭찬을 했다. 그 집 주인은 개에 대해 남다른 애정을 쏟으며 개 기르기를 취미로 삼고 있었다.

그의 개에 대한 찬사에 집주인의 반응은 기대 이상이었다. 딱딱하고 사무적으로 굴던 태도는 온데간데없고 친근하게 그에게 개에 대한 설명을 해주었다. 그리고 개집을 보여주었고, 심지어 개의 혈통증명서까지 꺼내 와서는 상세하게 설명해주기까지 했다. 나중에는 그의 아이가 강아지를 좋아한다는 사실을 알고는 강아지 한 마리를 선물로 주었다.

그의 취미에 대한 솔직한 찬사로 인해 그는 집주인의 마음을 사로잡았을 뿐만 아니라 강아지까지 선물로 받은 것이다.

> 취미는 자신이 진정으로 즐거워서 하는 행위이다. 그래서 상대의 마음을 쉽게 흔들 수 있는 것이다.

처음 만난 상대를 나의 편으로 만들고 싶다면 취미에 대해 진심으로 관심을 보이고 찬사를 보내라.

그러면 마음을 혹하게 하는 미사여구로 꾸며진 말을 하지 않아도 상대는 당신을 진심으로 따를 것이다.

## ■ 상대방의 마음을 꿰뚫는 심리법칙 11가지 ■

**1) '나는' '저는' '우리는'의 심리**

'나는', '저는'이란 표현을 자주 쓰는 까닭은 자기표현, 겉치레, 자만, 어리광 등의 감정이나 욕구를 타인에게 전달하기 위해서이다.

**2) '혼잣말' 또는 '독백'의 심리**

증오나 분노의 감정을 직접적으로 나타낼 수 없을 때, 사람들은 흔히 혼잣말로 또는 독백을 한다.

**3) '자랑' 또는 '과시'의 심리**

자신의 현실과 거리가 멀수록 자랑은 그 사람의 열등감을 웅변적으로 말해 준다.

**4) '반말' '건방진 말투'의 심리**

반말이나 건방진 말투의 이면에는 열등감과 억압된 심리가 심어 있다.

**5) '장황한 말'의 심리**

장황하게 말을 늘어놓는 것은 자신의 욕구를 채우기 위한 것에 불과하다.

**6) '아첨'의 심리**

자신의 말에 맞장구를 잘 쳐준다고 해서 그를 호의적이라거나 이해심이 많은 사람이라고 판단해서는 안 된다.

### 7) '시선'의 심리

대화 중의 시선 처리는 예절의 한 부분이긴 하지만, 그것을 통해 상대방의 심리를 파악할 수 있어야 한다.

### 8) '수다'의 심리

수다스러운 사람의 심리를 자세히 들여다보면 숙명적인 외로움을 지니고 있다는 사실을 알 수 있다.

### 9) '소곤소곤'의 심리

작은 소리로 말하는 사람들의 심리에는 상대방에게 의존하고자 하는 속셈이 숨어 있다.

### 10) '답변'의 심리

상대방의 이야기를 가로막는 것은 궁극적으로 그 사람의 인격을 무시하는 행위이다.

### 11) '절대로'의 심리

'절대'라는 말을 자주 쓰는 사람은 자기애(自己愛)적인 성향을 지닌 사람이 많다.

적을 만들지 않고
호구가 되지 않는
**지혜로운 대화술**

**초판 1쇄 인쇄** 2022년 1월 15일
**초판 1쇄 발행** 2022년 1월 20일

**지은이** 이현우
**펴낸이** 이태선
**펴낸곳** 창작시대사

**등록번호** 제2-1150호(1991년 4월 9일)
**주소** 경기도 고양시 일산동구 장백로 20 동문굿모닝힐 102동 905호 (백석동)
**전화** 031-978-5355  **팩스** 031-973-5385
**이메일** changzak@naver.com

ISBN 978-89-7447-253-5  03190